고마워 자존감

여왕 납신다!

나는 언어치료사다. 나는 기질 상담사다. 나는 소통과 자존감 강의자다. 나는 자살한 엄마의 딸이다. 나는 고물장수 아빠의 딸이다. 나는 지적장애우의 누나다. 나는 파산했던 집안의 가족원이다. 이런 특이한 이력을 가진 나 자신을 한마디로 뭐라고 부르고 싶은지 묻는 다면 나는 여왕님이라고 대답하겠다. 그렇다. 나는 나를 여왕님이라고 부른다.

나는 운이 좋아서 다양한 사람들을 만나 속 깊은 이야기를 들어 볼 기회가 많았다. 사연은 A~Z까지 다양했다. 드라마나 영화 속 스토리보다 더 기상천외하고 안타까운 사연도 많았다. 사람들이 인생의 수렁, 먹구름, 블랙홀, 구덩이, 벽, 난관, 장애물, 고비, 재난, 저주 등으로 표현했던 비극적인 사건들은 이미 지나간 지 오래되었는데도 사람들의 마음을 쇠사슬처럼 꽉 잡아매고 있었다. 나는 위로를 하기도 하고 훈수를 두기도 하고 충고를 하기도 했다. 위축되어 자책하며 괴로워하는 사람들을 보면 어떻게든 기운을 북돋아 활력을 되찾게 하고 싶었다. 그게 나의 사명이자 책임감인 것같이 느껴지던 때도 있었다. 시간이 지나면서 그건 내가 해줄 수 있는 게 아니라는 걸 알게 되었다. 인생의 먹구름 뒤의 햇볕을 찾는 것, 구덩이에서 빠져 나오는 것, 넘어지고 엎어져도 다시 일어서서 장애물을 뛰어 넘는 시도를 하는 것, 벽을 정면으로 부딪쳐 뚫고 가는 것, 저주인 것 같은 사건 속에서 행운을 찾아내는 것 등 이 모든 것은 누군가 대신 해줄 수 있는 게 아니었다. 각자 해낼 수 있는 에너지를 가지고 있었고 스스로 해내야 하는 자기 몫이었다. 스스로 해내야만 의미가 있는 것이었다.

'그럼 내가 도와줄 수 있는 것은 무엇일까?'를 고민해보았다. 나라는 사람이 있다는 것 자체가 도움이 되는 것 같다. 내가 위로해주거나 조언해주는 것이 도움이 되었다기보다는 이런 사람도 있다는 것 자체가 도움이 되었다 할까. 먹구름 속에서도 웃을 수 있는 명랑한 채 여왕의 존재 자체가 도움이 되는 것 같았다. 그래서 나의 인생 이야기와 스스로를 여왕이라고 부를 정도로 자존감이 확실할 수 있는 나름의 노하우를 적어보았다.

사실 나는 '여왕'이라는 단어에서 연상되는 자상하고 고상하고 우아한 사람은 아니다. 싸울 땐 버럭 성질도 잘 내고 대성통곡하며 요란스럽게 서러워하기도 곧잘 한다. 어떤 때는 욕도 구성지게 잘하고 사소한 일에 팩 토라지거나 삐지기도 잘한다. 바득바득 따져가며 내 이익을 악착같이 챙기기도 한다. 아닌 건 아니라고 똥고집을 부리며 절대로 양보하지 않기도 한다. 시시한 것에 깔깔거리며 천박하게 웃기도 잘하고 별 것도 아닌 것에 벌벌 떨며 무서워하기도 하는 사람이다. 짜증도 잘 낸다. 변덕도 심하다. 한 없이 약해서 울기도 잘하는 사람이다. 궁금한 건 못 참고 끝까지 물어보는 맹랑한 사람이기도 하다. 이런 모든 이상한 단서에도 불구하고 나는 나 자신을 여왕이라고 생각한다.

'소심한 성격을 떨치고 리더십이 생기면 나를 인정해줘야지.'

'자상하고 유머감각 있는 사람이 되면 그때 나 자신을 사랑해줘야지.'

'내세울 만한 학벌, 직장, 성공을 달성하고 나면 스스로를 왕 대접해줘야지.'

그런 날이 올 때까지 기다리다가는 꼬부랑 할머니, 할아버지가 되어 있을 것이다. 지금 좀 나 자신이 이상하고 부족하고 쪼잔한 상태라도 지금 이 순간부터 자기 인생의 여왕으로 살아도 된다. 좀 더 맹랑하고 뻔뻔하고 익살지게 스스로를 여왕이라 생각하며 자부하고 살아도 주변에 민폐를 끼치는 것은 아니다.

나는 군이 겸손할 생각이 없다. 별 볼 일 없는 인생사 이야기를 적어보려니 쑥스럽고 조심스럽다는 이야기는 하고 싶지 않다. 별 볼 일 없는 이야기를 읽어 주시니 감사하다는 이야기도 하지 않을 것이다. 나의 인생사는 별 볼 일 없지 않다. 내 인생은 뜨겁고 치열했고 특별했고 아름답고 위대하다. 세상의 일반적인 기준으로 봤을 땐 돈, 학벌, 외모, 능력 어느 것 하나 내세울 것 없는 평범한 사람의 내세울 거 없는 이야기일 수 있다. 하지만 내가 받은 인생 속에서 나름의 의미와 가치

고마워 자존감

를 찾고 감사하며 명랑하게 강단 있게 살아 왔다. 나는 참으로 멋있는 여자다. 빛나는 사람이다. 가히 여왕이라고 불릴 만하다. 이런 사람의 인생 이야기를 들어 볼 수 있는 당신은 참으로 운이 좋은 사람이다.

당신의 인생도 사연도 별 볼 일 없지 않다. 당신도 별 볼 일 없지 않다. 그러니 지나치게 자신을 낮추고 자신을 미워하고 싫어하면서 괴로워하지 않았으면 좋겠다. 당당하게 당신의 별 볼 일 없지 않은 특별한 사연을 허심탄회하게 털어놓고 톡톡 털고 일어설 수 있으면 좋겠다.

여왕님의 희한하고 특별한 사연을 들려줄 테니 당신도 특별해졌으면 한다. 아니 이미 지난 자신의 인생 속에서 특별함과 위대함을 발견해 보았으면 한다. 인생의 우여곡절 속에서 신의 선물을 찾아보았으면 한다. 모든 건 당신의 선택에 달려 있다. 자기 비난의 길을 걸어오던 사람이 자기 사랑의 길로 방향을 바꿔 선택하는 것을 보면 눈물이 난다. 자기 사랑의 힘은 마법과 같다. 당신이 스스로 여왕이기를 선택하는 순간 세상도 당신을 여왕 대접 해줄 것이다. 이 글을 읽는 모두가 자기 인생의 왕과 여왕이 되었으면 좋겠다. 언제까지나 사랑과 진심을 담아 응원할 것이다.

나를 포함하여 세상의 모든 왕과 여왕님들! 파이팅!

2018년 1월
여왕 채근영

차례

1장

여왕 탄생의
최적의 조건

우리에게는 공통점이 있다. 우리는 모두 지구라는 행성에 사람으로 태어났다. 그리고 우리에게는 모두 우리를 낳아주신 어머니가 계시다. 그리고 아버지도 계시다. 모든 인생은 하나같이 이 똑같은 출발선에서 시작한다. 그런데 시간이 지나면서 가지각색의 인생 빛깔로 서로 전혀 다른 모양을 빚어간다. 너무나 다른 모양새의 모든 인생사 속에는 놀라운 선물이 숨겨져 있다.

당신은 지금 가장 완벽한 장소와 완벽한 시간에 있습니다.
행동하세요. 후회는 그냥 과거의 것으로 내버려 두세요.

_러브 유어셀프, 로렌스 크래인, p112

1
나는 자살 상담사가
아니야

"채 쌤, 시간 될 때 누구 좀 만나 줄 수 있겠어요?

"누구요?"

"내 학교 후배인데 그게, 참…… 근래에 가족 중에 좀 안 좋은 일이
생겼는데…… 너무 힘들어해서."

"가족이 자살했죠?"

말끝을 흐리시던 동료 선생님이 고개를 끄덕이신다.

"알겠어요. 이름하고 전화번호 알려줘요."

나는 12년차 언어치료사다. 자살 상담사는 아니다. 많은 사람들이
알음알음 상담을 부탁해 오는데 가족 중에 누군가 자살했거나 자기

고마워 자존감

자신이 끔찍이 싫어서 죽고 싶어 하는 경우가 대부분이다. '어머니가 자살로 돌아가셨지만 꿋꿋하게 잘 살고 있는 멘탈 강한 여자'라고 이마에 써 붙이고 다니는 것도 아닌데 어떻게 입소문이 났는지 비슷한 사연을 가진 사람들의 전화가 꼬리를 이었다. 심지어 본업인 언어치료보다 자살 관련 상담으로 시간을 보내는 날도 많았다. 그 덕에 나는 대한민국 자살률이 경제협력개발기구(OECD) 국가 중 가장 높다는 통계를 피부로 실감하며 산다. 친어머니가 돌아가신 30년 전만 해도 자살은 뉴스에서나 접할 법한 드물고 충격적인 사건이었는데 요즘은 교통사고처럼 흔한 사망 원인 중 하나가 되어버린 듯하다.

그러나 흔하다는 말과 정반대로, 가족이나 친구, 동료의 자살은 충격적이다. 뒤에 남은 사람들은 자살을 막지 못했다는 생각과 혹여 내가 자살 원인을 제공한 것은 아닐까 하는 마음 때문에 죄책감에 시달린다. 차라리 병이나 교통사고였다면 조금이나마 나았을지도 모른다. 자살은 가족들을 떳떳하게 울지도 못하게 만든다.

보통의 경우, 가족을 잃은 자들은 통곡하고 절규하며 애도하는 시간을 통해 상처를 아물게 한다. 문상객을 붙잡고 구구절절한 사연을 털어내고, 눈물 콧물 흘리면서 서서히 이별을 받아들인다.

그러나 자살자의 가족은 입을 굳게 다문다. 문상객들과 주변인들도 꼬치꼬치 사연을 캐물을 수 없다. 입을 열면 더 비참해지고 수치스러워질 것 같다는 암묵적인 분위기 때문이다. 표출되지 못한 당혹감과 슬픔, 충격과 죄책감은 상복 속에 감춰진다. 고인 감정은 시간이 흐르면서 가족들의 마음 한 구석에 고름처럼 자란다. 고름이 살을 파고들어 뼈까지 닿으면서 삶은 무기력해지고 우울감이 그림자처럼 따라다닌다.

물어봐서 미안해 _

부산의 어느 고등학교 시절이었던 것 같다. 늘 책을 끼고 다니며 사색을 즐기던 나는 친구들에게 선비라는 소리를 듣곤 했다. 스스럼없이 지내던 친구들은 어른 흉내 좀 그만 내라며 핀잔을 주기도 했다. 사람이 너무 반듯하기만 한 것도 비호감이라나?

그날도 쉬는 시간에 나의 예의바름에 대한 호불호가 갈리면서, 서울 말투를 흉내 낸 애매한 경상도 사투리 수다가 이어졌다.

"야! 너희 엄마가 가정교육을 어찌 시키셨기에 요즘 같은 세상에 너 같은 선비족이 나오나?"

칭찬인지 비아냥거림인지 까불이 친구가 물었다.

"오잉? 울 새엄마는 내가 하고 싶은 대로 다 하라 그러시고 완전 노터치인데? 아, 울 친엄마가 예의범절 철저하게 가르치시긴 했어. 어릴 때 나 말 안 들어서 회초리 엄청 맞았어."

"참, 너 친엄마는 초등학생 때 돌아가셨다 했지? 그 친엄마가 교육 엄하게 잘 시키신 거네."

"맞아, 회초리도 직접 꺾어 오게 하고 철두철미했다. 울 친엄마 살아

계셨음 내 아마 청학동 여자 훈장 됐을 걸?"

"야야, 훈장 딱 어울린다. 너 훈장어른 해라."

친구들이 손뼉을 치며 깔깔거린다.

"그런데 그렇게 가정교육 잘 시키신 너희 친엄마는 왜 그리 일찍 돌아가셨어? 어디 아프셨어?"

궁금한 건 못 참는 까불이 친구가 묻는다.

"아니, 자살하셨어."

내가 한 치의 망설임도 없이 담담하게 답하자 금방까지 깔깔대던 친구들의 얼굴에 웃음기가 싹 가신다. 모두 약속이라도 한 듯 고개를 푹 숙이곤 땅바닥만 응시한다.

"아…… 물어봐서 미안해……"

까불이 친구가 고개를 숙인 채로 손가락을 만지작거리며 작게 이야기한다. 평소답지 않게 풀이 죽었다.

다들 이런 반응이다. 누군가가 죽은 이유를 묻는 것이 미안해할 일까진 아닌데 자살자의 가족에게는 특별히 더 미안해해야 할 사유가 된다. 그리고 모두 미안해하면서 속으론 더 궁금해한다. 자살이라면 어떤 방식으로 죽었는지를.

"번개탄 피워두고 주무시듯 돌아가셨어."

사람들이 너무나 궁금해하지만 차마 물어볼 수 없는 질문임을 알고 나는 흔쾌히 알아서 대답해준다. 그러면 다들 깜짝 놀라며 당황해한다. 저희들이 번개탄을 판 것도 아닌데 죄 지은 얼굴이다. 위로를 받아야 할 내가 도리어 친구들의 움츠러든 등을 두드려주며 씨익 웃어준다. 친구들의 낯빛이 흙색으로 지나치게 어두워지지 않았다면 나는 더 자세한 내막도 스스럼없이 털어서 보여주었을 것이다. 친구 녀석들은 여러 날 동안 나에게 미안해하는 마음을 얼굴에서 지우지 못했다.

궁금해 죽겠네 _

그 자리에 있던 무리 중 꽤 공부를 잘했던 친구가 있었다. 하루는 점심시간에 나를 따로 불렀다. 평소 말수가 적고 단둘이 만날 만큼 가까운 사이도 아니어서 무슨 연유인지 궁금했다. 학교 운동장 가장자리 플라타너스 나무 아래 벤치에 둘이 한참을 말없이 앉아 있었다. 머뭇머뭇 뭔가 말을 꺼내려고 애쓰는 기색이 역력했다. 드디어 그 친구가 웅얼거리듯 작게 속삭였다.

"우리 언니, 한 명이라고 했었는데, 사실 그 위에 한 명 더 있었어…… 나를 참 좋아해준 언니였는데…… 내가 초등학교 다닐 때……"

더 이상 말을 잇지 못한다.

"자살했구나."

엉엉 운다. 꺼이꺼이 운다. 눈물과 콧물이 뒤섞여 얼굴을 타고 흐른다. 연신 블라우스 소매로 닦아낸다. 나는 그 모습을 가만히 지켜보

고마워 자존감

았다.

'그 언니는 왜 죽었을까? 어떻게 죽었을까?'

궁금증이 치밀었지만 차마 묻지 못했다. 그 친구는 나처럼 흔쾌히 알아서 답해주지도 않고 대신 한 시간을 울기만 하다가 해사해진 얼굴로 돌아갔다. 위로의 말도 건넨 적 없는 내게 고맙다는 말만 수차례 되풀이하면서.

'가시나! 왜, 어떻게 죽었는지도 쫌 말해주지. 궁금해 죽겠네. 고맙다는 말만 하고 그냥 가면 어떡해?'

나는 그 친구의 언니가 어떤 이유로, 어떤 방식으로 죽었는지 지금껏 듣지 못했다.

'고마워.', '고맙습니다.'

이후로도 나는 비슷한 사연을 가진 많은 사람들에게 감사의 말을 수도 없이 들었다. 대체 뭐가 고맙다는 걸까? 자신들의 묻어둔 이야기를 잘 들어줘서? 자살자를 가족으로 두고도 씩씩하게 잘 사는 좋은 롤모델이 되어줘서? 혹시 직접 물어보기 어려운 자살한 사유와 방식을 알아서 허심탄회하게 이야기해줘서인가?

이유가 어쨌든 고마워해야 할 일이 맞긴 한 것 같다. 자살 상담사도 아닌 내가 세 시간 넘도록 눈물 콧물 짜는 걸 지켜봐주니 말이다.

내가 자세히 얘기해줌 당신들도 알아서 자세히 얘기해줘야 할 것 아냐. 고맙다는 소리만 남기고 가지 말라구. 장담하는데 다 까발리는 게 훨씬 후련하다구.

2

그들도 다들
어머니가 계시지

나는 초등학생 때 교내 글짓기 대회나 교외 백일장 대회에 나가면 최
소 3등 안에 들었다. 교외 대회는 상품도 푸짐해서 라디오 같은 전자
제품을 대상으로 척척 받았다. 상품 타오는 재미는 참말로 쏠쏠했다.
햇볕이 쏟아지는 대회 장소에 도착하면 글도 쓰기 전에 단상 옆에 놓
여 있던 대상 포장박스를 쳐다보며 '이번엔 뭘까?' 상상해보곤 했다.
'떡 줄 사람은 생각도 안 하는데 김칫국물부터 마신다.'고들 하는데 그
떡은 실제 내 떡이 되는 일이 잦았다.

　"오늘은 거기 가믄 냉장고나 세탁기 타오는 기제? 혼자 들고 오기 무
거우면 전화 혀라."

고마워 자존감

익살꾼 아빠는 내가 글짓기 대회에 나간다고 하면 본인이 더 들뜨시곤 했다.

"애들 대회는 그런 큰 거 안 준다. 라디오 같은 게 젤 큰 거지. 혹시 청소기는 줄랑가?"

아빠와 나의 대화를 옆에서 듣던 언니는 둘 다 순수하지 못하다며 혀를 찼다. 글쓰기를 즐기고 오면 그만이지 상품 따위에 눈이 멀면 되겠느냐며 일침을 놓았다. 언니가 뭐라든지 내 마음은 오직 상품으로 가득 차 있었다.

백일장 대회는 매번 주제가 달랐다. 서너 가지 주제가 제시되고 이 가운데 하나를 골라 쓰는 방식이었다. 주최 측에서 어떤 주제어를 꺼내들든 나의 글에는 늘 어머니의 이야기가 담겼다. 주제가 '산'이면 어머니와 산에 간 이야기, 주제가 '꽃'이면 어머니를 닮은 꽃 이야기, 주제가 '별'이면 별을 보면 어머니가 떠오른다는 식의 이야기를 적었다. 물론 없는 이야길 지어내진 않았다. 주제어에서 연상되는 어머니와의 추억 가운데 적당한 경험을 슬쩍 끼워 넣었다. 그리고 결말은 늘 어머니의 갑작스런 자살과 나의 슬픔이었다.

심사위원들은 당황했을 것이다. 그리고 뭉클했을 것이다. 그들도 다들 어머니가 계시고 어머니와의 추억이 있을 것이다. 대부분은 어머니가 살아계실 것이고 혹여 돌아가셨더라도 자살로 돌아가신 경우는 드물었을 것이다. 그러니 초등학생 여자 아이가 적은 글의 결말은 충격이었을 것이다. 자신들은 경험해 보지 못한 일은 겪어버리고 그 사연을 글로 숨김없이 적어낸 초등학생은 어떤 얼굴일지 궁금하기도 했을 것이다. 이런 궁금증과 동정표가 플러스가 되었는지 실제적인 글의 문장력과 상관없이 내 글은 늘 나에게 상과 상품을 안겨다 주었다. 나는 '어머니의 이야기'가 잘 먹힌다는 사실을 일찍이 간파하고 있었다. 상장 수여식 때 나를 바라보는 심사위원들의 눈빛은 다른 수상자 아이들을 바라볼 때의 눈빛과는 좀 달랐다. 안타까움, 슬픔, 걱정을 깔고 대견해하는 듯한 또는 응원한다는 듯한 다채로운 느낌이 섞여있는 눈빛이었다. 그런 눈빛 세례를 받는 나의 마음엔 이런 생각만 가득했다.

'이번 상품은 대체 뭐지?'

엄마 이야기는 그만 팔아먹어야겠다 _

'에이~ 라디오는 전에 받았는데 또 주면 어쩌노. 다른 걸로 주지.'

잔뜩 실망해서 라디오를 들고 버스정류장으로 가고 있는데 뒤에서 누가 부른다.

"야야, 니 진짜 대단하다. 저저번 달에도 니가 1등상 받았었잖아. 니 글 진짜 잘 쓰나 보다."

돌아보니 하얀 피부에 긴 생머리의 여자아이가 생긋 웃고 있었다. 학교는 달랐지만 교외 글짓기 대회마다 2등이나 3등상을 받던 아이

고마워 자존감

라 낯이 익었다.

'뭐지? 내한테 1등 뺏겨서 아니꼬운 건가?'

라디오를 꼭 끌어안으며 무뚝뚝하게 쳐다보고 있으니 또 생긋 웃는다.

"우리 엄마는 중학교 국어 선생님이신데 내는 우리 엄마한테 글쓰기 배웠다. 니는 누구한테 배웠노?"

말을 처음 트는 자리인데도 허물없이 이야기하는 게 꽤나 사교성 있는 아이 같았다. 이상하게 싫지가 않았다.

"그냥 쓰면 되지. 글 쓰는 걸 왜 따로 배우는데? 내는 그냥 막 쓴다."

"우와, 그냥 막 쓰는데도 상 받고 진짜 대단한 거 아냐?"

눈이 동그래져서 저 혼자 박수까지 친다.

나는 어깨를 으쓱이며 보란 듯이 라디오를 가슴 위로 추켜들었다.

"니는 막 안 쓰면 어떻게 쓰는데?"

좀 친해져도 될 거 같아 별로 궁금하진 않았지만 질문을 던졌다.

"아, 나는 많이 고민하고 여러 번 고쳐 쓰거든. 원하는 단어가 안 떠오르면 글을 끝까지 못써서 못 낸 적도 있어."

쑥스러워하며 조신하게도 답한다.

'뭐라고? 단어가 생각이 안 나? 그냥 아무거나 닥치는 대로 쓰면 되는 거지, 뭘 그리 어렵게.'

이해가 안 된다는 표정을 보이자 아이는 가방 속에서 연습장 하나를 꺼낸다.

"오늘 제출한 글도 연습장에 미리 적어보고 세 번을 고쳐 쓰고 낸 거 였어. 이런 식으로."

친절하게 연습장을 펴서 한 장 한 장 넘겨준다. '하늘'을 주제로 연습 삼아 적은 글이 빼곡했다.

할머니와 마루에 앉아서 올려다본 하늘, 귀가가 늦는 엄마를 홀로 기다리며 바라본 하늘, 체육시간에 달리기를 하다 넘어졌을 때 창피 함 사이로 스쳐보이던 하늘……

인상 깊은 사건 없이 소소한 일상의 심정이 자연스럽게 나열되어 있 었다. 정말 사소하기 그지없는 이야기들인데 읽다 보니 봄바람처럼 가 슴에서 차오르는 게 있었다.

"달리기 하다 넘어질 때 본 하늘을 '하늘이 비껴갔다'라고 할지 '스쳐 갔다'라고 할지 결정하기 어려워서 한참 고민했었어."

그 아이의 퇴고는 나로서는 이해할 수 없는 고민이었다. 그러나 완성 된 글은 순수하고 담백했다. 그리고 시린 손을 담그고 싶을 만큼 따뜻 했다. 진짜 감동을 주는 글은 이런 거구나.

나는 갑자기 부끄러워져서 얼굴을 들 수 없었다. 쥐구멍이라도 있다 면 숨고 싶은 심정이었다.

비참했다. 이런 글을 1등으로 뽑지 않은 심사위원들이 미웠다. 바보 같았다. 초등학생인 내가 봐도 감동이 느껴지는데 이런 글을 놔두고 투박하기 짝이 없는 내 글을 1등으로 뽑다니! 동정표로 받은 상 같아 서 라디오를 반납하고 싶었다. 듣지도 않는 이야기를 계속 늘어놓는

고마워 자존감

천재 글짓기 소녀를 뒤로하고 나는 도망치듯 버스에 올랐다.

냉장고는 어디 있느냐고 묻는 아빠에게 라디오를 던져주고 이불을 뒤집어쓰고 누웠다.

'글을 잘 써서 상을 준 게 아니라 니가 불쌍해서 준 상이라고! 엄마 이야기 팔아서 상 받으니까 좋냐? 너무 비겁하잖아. 아우 쪽팔려. 하여튼 우리나라 사람들은 동정심이 많아서 탈이라니까. 심사위원이라면 글 쓰는 능력만 보고 판단해야지. 내 참 기가 막혀서.'

내 안의 나는 저 혼자 말도 참 잘한다. 안 그래도 부끄러운 참에 불난 집에 부채질이다. 벌떡 일어나 앉았다.

"아니야! 나도 글 잘 쓴다고! 담임선생님이 일기도 잘 쓴다 했잖아? 좋아! 다음엔 정정당당하게 경쟁해보겠어. 두고 보라고!"

나 자신과의 약속을 지키기 위해 또한 내 글의 자존심을 지키기 위해 나는 엄마 이야기를 빼고 쓰기로 작정했다. 주제가 바다면 바다에 대한 이야기만 썼고 구름이면 구름에 대한 이야기만 썼다. 엄마 이야기가 빠진 글들은 상 밖으로 밀려났다. 하다못해 장려상도 내 몫이 아니었다.

나는 자살한 엄마의 특혜를 누리고 있었던 거였다. 내가 계속 빈손으로 돌아오자 아빠는 괜찮다고 하면서도 서운해 하는 눈치였다. 씁쓸했다. 글쓰기는 더 이상 재미없었다. 연필 들기가 두려웠다.

더 이상 백일장 따위 거들떠보고 싶지 않을 때쯤이었다. 마지막으로 나가보자고 마음먹은 대회에서 나는 '무궁화'를 주제로 글을 쓰고 장려상을 받았다. 어머니 이야기를 빼고 쓴 글로 처음 받아보는 상이었다. 상품은 없었지만 그 전의 어떤 대상들보다 마음이 뿌듯했다. 체면 치레는 한 것 같았다. 그 상을 받고 나는 더 이상 글을 쓰지도 글짓기 대회에 도전하지도 않았다. 일기부터 편지, 모든 글을 쓰는 행위가 부담스럽게만 느껴졌기 때문이다. '하늘'에 대해 연습 글을 썼던 그 아이를 생각할 때마다 나같이 재주 없는 사람은 평생 글과 멀리 떨어져 사는 게 낫겠다는 생각이었다.

'더 이상 내 인생에 글쓰기는 없다.'

고마워! 치유의 글쓰기! _

글에서 멀리 떨어져 살던 인생길의 어느 날 내가 말에 소질이 있다는 것을 발견하고 언어치료사가 되었다. 하루는 상담 관련 연수에 참석했다가 '치료하는 글쓰기'를 가르치신다는 독서치료사 선생님을 만난 적이 있다. 그분은 가정폭력에 시달리는 청소년들을 상대로 글쓰기를 통해 상처를 드러내고 다독이는 수업을 하셨다. '상처 치유에 글쓰기만큼 좋은 것이 없어요.' 선생님은 글쓰기와 치유의 밀접한 관계를 강조했다. 내가 글쓰기가 부담스러워진 사연을 쭉 늘어놓으며 자살한 엄마 얘긴 그만 팔아먹어야겠단 생각도 들어서 안 쓴다고 했더니 배를 잡고 깔깔깔 웃으신다. 뭐 이런 솔직하고 건강한 사람이 다 있냐고 놀라워하신다.

"그런데 말예요, 채 쌤은 어릴 때 수많은 글짓기 대회에서 죽은 엄마 이야기를 반복해서 쓰고 사람들에게 공개하면서 마음의 상처가 곪지 않고 해소된 거 아닐까요? 그러니 이렇게 맑고 밝은 어른이 될 수 있었겠죠. 무거운 사연에 비해 마음에 그늘이 크게 없잖아요."

선생님은 나야말로 '치료하는 글쓰기'의 최고의 수혜자라며 글에 감사해야 한다고 말씀하셨다.

"아!"

생각해보니 그런 것 같았다. 상품을 타기 위해 자살한 엄마 이야기를 쓰고 또 쓰면서 나도 모르게 깊은 슬픔이 해소되고 있었던 거다.

아! 나의 글쓰기는 치유의 글쓰기였구나! 고마워, 글쓰기!

그때 엄마 얘기를 잘 팔아먹은 거 같다!

3
하나님!
왜 살려주지 않았어요!

어린 시절의 엄마를 떠올리면 가장 먼저 생각나는 것은 헌금 횡령 사건이다.

내가 기억하는 가장 어린 시절부터 나는 엄마를 따라 교회에 다니고 있었다. 6살이 되자 혼자서 유년부 예배를 드리러 다녔는데 엄마는 100원짜리 동전을 손에 꼭 쥐어주며 신신당부했다.

"절대로 과자 사먹으면 안 돼! 선생님께 꼭 드려. 엉뚱한 데 쓰면 천벌 받는다."

그 100원이 뭐라고 천벌까지 받을까마는 6살배기가 뭘 알겠는가. 그때는 돈을 흘리거나 다른 데 쓰면 벼락이라도 맞을 것 같아서 땀이

고마워 자존감

배도록 손을 꼭 쥔 채 교회까지 뛰어갔다.

당시 대학생이면서 교회 유년부 교사로 봉사하고 있던 남자 선생님이 있었다. 그는 얼굴 가득 웃음을 머금고 있는 천사 같은 사람이었다. 6~7세 반 아이들이 고사리 같은 손을 내밀어 동전을 드리면 선생님은 각자의 헌금 봉투에 금액을 적어서 대신 내주곤 했다. 다른 친구들은 500원도 내고 1000원도 냈지만 나는 1년 365일 늘 100원이었다. 선생님은, 하나님은 마음을 보시기 때문에 금액의 크기보다 정성이 더 중요하다고 말씀하셨다.

변두리 시골교회로 가는 길목에는 구멍가게가 하나 있었다. 집에서 500원이나 1000원을 타오는 아이들은 돈을 헐어 200원이나 300원어치 군것질을 하고 나머지만 헌금으로 내기도 곧잘 했다. 하지만 나는 구멍가게가 보이면 눈을 질끈 감고 교회까지 잽싸게 뛰었다. 구멍가게에 진열된 형형색색의 과자 봉지가 아른거렸지만 엄마의 무서운 눈초리도 늘 같이 떠올랐다.

어느 여름날이었다. 그날도 100원을 받아 들고 교회로 향하고 있었는데 숨이 턱턱 막힐 만큼 햇살이 강렬했다. 눈부신 거리 너머에서 구멍가게가 손짓했다.

'그래, 딱 1분만 땀 좀 식히고 가자.'

구멍가게에 들어서자 아이스크림 냉동고를 둘러싼 아이들이 보였다. 아이들은 아이스크림을 하나씩 입에 물고 다시 교회로 향했다. 목이 바짝 타들어갔다.

'하나님은 사랑의 하나님이시라고 했지? 돈이 많고 적은 걸 안 따진 다고 했어. 이번 한 번만 봐 주세요.'

깐돌이라는, 50원짜리 보라색 아이스크림이 있었다. 누가 볼까 얼른 주인아주머니께 100원을 건네주고 50원을 돌려받았다. 포장비닐을 쭉쭉 벗겨 크게 한입 물고 아그작 아그작 씹어 먹었다. 누가 보기 전에 증거를 없애야 했다. 한 번 더 마지막으로 아이스크림 막대기를 쪽쪽 빨아먹은 뒤 쓰레기통 깊숙이 증거를 인멸하고 교회로 향했다.

천사 같은 유년부 선생님이 환한 미소를 지으며 교회 정문 앞에서 기다리고 있었다. 고개를 푹 숙이고 인사를 드린 뒤 차마 고개를 쳐들 수 없었다. 헌금을 건네야 하는데 손이 벌벌 떨리면서 심장이 튀어 나올 것 같았다. 머리가 화끈해지더니 땀방울이 솟구쳤다. 한참을 머뭇거리다 주먹 쥔 손을 내밀어 동전을 드렸다. 선생님은 손바닥을 보시며 잠시 갸우뚱하시더니 이내 평소의 미소로 돌아갔다.

'아싸! 그냥 넘어간다. 아자! 하나님 만세! 선생님 만세! 역시 하나님은 째째한 분이 아니시구나!'

안도의 한숨이 흘렀다. 찬송가 한 소절이 절로 흘러나왔다.

유년부 예배를 마치고 친구들과 한참을 뛰놀다가 해가 질 무렵 집으로 향했다. 대문 앞에는 익숙한 그림자가 어른거리고 있었다. 눈살을 찌푸리고 입술을 앙 다물고 있는 엄마였다. 내 예상이 어긋나기를 기도했지만 불길한 예감은 틀리는 법이 없다. 1년 365일 100원을 내던 아이가 50원짜리 동전을 들고오자 이상하게 생각한 유년부 선생

　　　　　　　　　　　　　　　고마워 자존감

님이 엄마에게 홀라당 일러바친 것이다.

"바늘도둑이 소도둑 된다 했는데! 어디 하나님 걸 훔쳐!"

10원에 한 대! 50원을 횡령한 대가로 종아리에 회초리 다섯 대를 맞는데 억울함이 폭풍같이 밀려왔다. 매주 200원, 300원을 떼먹는 다른 바늘도둑들은 가만두고 오늘 딱 하루 겨우 50원 슬쩍한 나만 왜 맞아야 하는 건지.

'엄마 너무해! 선생님 너무해! 하나님 너무해! 다 미워!'

종아리보다 속이 더 쓰라렸다. 아무래도 엄마는 나나 외할머니보다도 하나님을 더 좋아하는 것 같았다. 하나님 걸 훔쳤다고 매를 드는 것이나 독실한 불교신자인 외할머니가 그렇게 만류하는 것도 뿌리치고 꼬박꼬박 교회에 다니신 걸 보면 말이다.

……그렇게나 하나님을 좋아했는데 어째서 하나님은 우리 엄마가 죽을 때 말리지 않은 걸까?

밥 먹다 춤추지 말걸_

나의 친엄마는 대쪽같이 올곧고 성실한 분이셨다. 외가 쪽이 양반 가문이었다고 하니 보고 배우신 게 있었던 모양이다. 엄마는 언니와 내가 어릴 적부터 예의범절을 철저하게 지키도록 가르치셨다. 잘못된 행동에 대한 벌칙을 같이 의논해서 정한 뒤 벌칙용 회초리도 각자 구하게 하셨다. 내 손으로 꺾어온 회초리는 장롱 위에 놓여 있어서 엄마가 군이 잔소리하지 않아도 늘 경각심을 불러일으켰다.

아빠는 엄마와 정반대의 성격이었다. 규칙이나 예절보다는 자유분방하고 유쾌한 삶을 선호하셨다. 엄마는 우리가 아침 일찍 일어나 국민체조를 하고 제시간에 숙제를 끝내고 어른들께 예의바르길 원하셨다. 아빠는 우리가 노래하고 싶을 때 노래하고 춤추고 싶을 때 춤추고, 하기 싫으면 게으름을 피우는 재미난 삶을 살길 원하셨다.

삶을 바라보는 이런 시각차이로 두 분은 자주 다투셨다. 식사를 하다가도 아빠는 흥이 오르면 트로트를 뽑곤 했는데 개구쟁이였던 나는 숟가락을 들고 춤을 췄다. 엄마는 인상을 잔뜩 찌푸린 채 식사할 때는 식사에 집중하고 놀고 싶으면 다 먹은 뒤에 하라며 엄포를 놓았다. 그때마다 아버지는 애들 하고 싶은 거 하게 놔두라며 내 편을 드셨다. 엄마의 노려보는 눈초리에도 아랑곳없이 아빠의 노래자락과 나의 춤바람은 멈추지 않았다. 지금 생각해 보면 우리는 그때 멈췄어야 했다.

가난한 살림, 허약한 몸, 철없는 남편, 말썽꾸러기 딸……

엄마는 지쳐가고 있었다. 얼굴에 웃음기가 사라지더니 말수가 줄었다. 마루에 멍하니 앉아 허공을 바라보며 한숨을 쉬는 시간이 잦았다. 몸도 수척해졌다. 병원에서 타온 몇 봉지의 약 외에는 입에 대는 음식이 없는 것 같았다.

초등학교에 막 입학한 그해 봄, 그날 아침도 어김없이 식사 도중에

고마워 자존감

춤추던 나 때문에 엄마와 아빠는 다툼을 벌였다. 하지 마라, 해라 옥신각신하던 두 분은 언성을 높이더니 여느 때와는 달리 한 시간 넘도록 소리를 지르며 싸웠다. 그날따라 엄마는 연애 시절부터 아빠가 서운하게 했던 사건들을 들춰내면서 일일이 따졌다. 지지 않고 대응하던 아빠가 듣기 싫다며 문을 박차고 나간 뒤 엄마는 방바닥에 엎드려 엉엉 울었다. 늘 몸가짐이 반듯하고 흐트러짐 없던 엄마가 우는 모습은 처음이었다. 그제야 미안함이 올라와 다음부터는 밥 먹다 춤추지 않겠노라고 스스로 다짐했다. 그러나 그날 이후 다시는 엄마와 함께 식사를 하지 못했다.

그 다음날, 학교에 갔다 오니 방문이 안으로 잠겨 있었다. 엄마 하고 불러도 대답이 없었다. 이상했지만 별일이랴 싶어 마루에 앉아서 온종일 기다렸다. 그날따라 언니랑 아빠도 늦었다. 지루함을 껴안고 한참을 마루 위에서 뒹굴었다. 마루를 사이에 두고 주인집과 어깨 대고 살고 있었는데 마침 주인아주머니가 내다본 모양이다.

"너 방에 안 들어가고 뭐하니?"

"방문이 잠겨 있어요. 엄마 어디 나간 것 같은데 아직 안 들어 왔어요."

"어? 이상하네. 너희 엄마 나가는 거 못 봤는데? 방문이 잠겼으면 자고 있는 거 아냐?"

주인아주머니가 우리 집 방문을 세게 두드렸다. 몇 번을 두드리던 아주머니 얼굴이 갑자기 회색빛이 되더니 그 집 삼촌을 불렀다.

"삼촌! 삼촌! 빨리 망치 가져와요. 여기 이상한 냄새 나요. 아이고, 삼촌!"

아주머니가 숨이 넘어갈 듯 고함을 치자 그 집 삼촌이 망치를 들고 와서 우리 집 문손잡이를 부쉈다. 이게 무슨 일인가 싶어 눈만 말똥말똥 뜨고 지켜보고 있었다. 아주머니는 얼굴이 사색이 되어 털썩 주저앉아 있었다. 문이 열리자 메케한 연탄 냄새가 확 코를 쑤셨다. 밖에 나간 줄 알았던 엄마가 단정하게 이불을 덮고 누워 있었다.

"에이, 엄마 자고 있었네."

내가 혼자 중얼거리는 소리를 뒤로하고 주인집 삼촌이 구급차를 부르러 뛰쳐나갔다. 주인아주머니가 방안에 가득 찬 번개탄 연기를 빼내려고 신문지를 들고 미친 듯이 부채질을 했다. 아주머니는 엉엉 울면서 창문에 붙어 있던, 못 보던 테이프를 잡아뗐다. 순식간에 이웃 사람들이 몰려왔다. 그때까지도 무슨 일이 생긴 건지 감을 못 잡은 8살의 나는 자고 있는 엄마의 몸을 흔들어 봤다. 아무 반응이 없었다. 주변을 둘러보니 하얀 편지봉투가 놓여 있었다. 종이를 꺼냈다.

'……아빠 말 잘 듣고 건강하게 지내라. 미안하다.'

깨알 같은 글씨로 빼곡히 적힌 편지 글 속에서 제일 먼저 눈에 들어온 문장이었다. 갑자기 눈물이 솟구쳤다. 내가 큰 잘못을 저지르고 만 것 같은 마음에 숨이 턱턱 막혔다. 다리에 힘이 빠지며 자리에 주저앉았다.

'밥 먹다 춤추지 말걸.'

고마워 자존감

나는 방바닥에 얼굴을 묻은 채 '엄마'를 부르며 엉엉 울기 시작했다.

'하나님! 하나님! 왜 말려주지 않았어요? 왜? 왜!'

4
애가 애어른이 된 데는 사연이 있다

'일산화탄소 중독'

아빠 몰래 장롱 속에서 찾아낸 엄마의 사망 진단서를 보고 나는 안도의 한숨을 쉬었다. '자살'이라고 적혀 있지 않은 게 다행스러웠다. 전문용어로 적혀 있어서 덜 서글프고 덜 비참하게 느껴졌다. 한편으론 생소한 일곱 글자로 한 생명의 종지부를 찍을 수 있다는 게 허탈했다. 내가 죽으면 나의 사망진단서에는 뭐라고 적히게 될까?

엄마의 갑작스런 죽음은 까불이였던 나를 순식간에 모범생으로 변화시켰다. 나의 춤과 장난기, 웃음기도 엄마와 함께 종적을 감췄다. 그리고 그 빈 공간에 수많은 질문과 생각들이 들어앉았다. 나는 사람들

고마워 자존감

의 삶과 사건들을 관찰하고 사색하고 고민하면서 애어른이 되어갔다. 친구들과 밖에서 뛰어놀기보다 도서관에서 빌린 책에 얼굴을 묻고 가슴 깊숙이 자리 잡은 질문에 대한 답을 찾으려고 몸부림쳤다.

"애는 애다운 게 좋은데, 쓸데없이 어른스럽네."

초등학교 5학년 때인가 담임선생님이 나지막이 이야기하는 소리를 들은 적이 있다.

'애가 애어른이 된 데는 사연이 있을 거 아닌가, 이 양반아. 자넨 그 나이 되도록 그런 사연도 못 헤아리는 어른이 되어서 어쩌나.'

속으로 대꾸해 주었지만 서러운 감정이 북받쳤다.

어른들은 내 질문에 답을 주지 못했다. 점점 책 속으로 빠져 들어갔다. 답을 잃은 질문은 꼬리에 꼬리를 물고 새로운 질문을 만들어냈고 내 머릿속은 질문들을 분류하고 답을 예측해보기 바빴다. 그 질문들은 때로는 나를 슬프게 했고 때로는 들뜨게 했고 때로는 외롭게 했으며 때로는 열 받게 했다.

'엄마는 왜 자살했을까?'

'내가 엄마 말을 잘 들었으면 안 죽었을까?'

'엄마는 내가 미워서 죽어버린 걸까?'

'하나님은 왜 엄마가 죽는 걸 말리지 않았을까?'

'엄마뿐 아니라 사실 모든 사람이 언젠가는 죽는 거 아닌가?'

엄마로 일관하던 질문은 사람에 대한 질문으로 옮겨 갔다.

'사람은 죽으면 어디로 가는 걸까?'

'사람은 어디서 와서 어디로 가는 존재일까?'

'사람답게 살다 간다는 건 어떤 걸까?'

'사람은 왜 죽는 걸까?'

'신은 사람이 죽는 걸 왜 방치하는 걸까?'

'신은 사람을 왜 만들었을까?'

'신은 사람을 죽게 내버려 둘 거면서 왜 태어나게 한 걸까?'

'사람은 어차피 죽을 거 왜 태어나는 걸까?'

'나도 언젠가 죽을 텐데 왜 태어나게 한 걸까?'

질문이 여기에 이르면 신에게 화가 났다. 신은 너무 무심한 거 같았다. 신은 너무 한심한 거 같았다. 신은 너무 잔인한 거 같았다.

신이 있다면 꿈에라도 나와서 이 질문들에 답을 해보라고 하늘에 삿대질을 해가며 소리를 질러보기도 했다. 사실은 신이 없는 게 정답 아닐까란 생각도 들었다. 신이 있다면 이럴 수는 없는 노릇이었다. 사람은 그저 흙에서 자연스럽게 만들어져서 흙으로 돌아가는 존재가 아닐까.

'그래! 신은 없는 걸로 하자! 있다 해도 아무 도움도 안 되는 신 따위 없는 걸로 치자! 있다면 내가 가만두지 않겠다. 나는 내 힘으로 살 테다!'

오기가 생기기도 했다.

모든 사람에게 어김없이 공평한 단 한 가지 _

엄마의 장례식이 끝나고 나는 신에게 마지막으로 한 번 더 기대를 걸었다. 교회에서 예수님이 돌아가신 후 삼 일 만에 다시 살아나서 제자들에게 나타났었다는 이야기를 귀에 못이 박히도록 들은 터였다. 혹시나 우리 엄마도 삼 일 만에 다시 살아서 돌아오는 게 아닐까 내심 기대했다. 나는 장례식이 끝난 후 집 벽 한 구석에 십자가를 크게 그려두고 자기 전에 기도를 올렸다.

'하나님, 우리 엄마 삼 일 만에 다시 살아 돌아오게 하실 수 있죠? 엄마가 살아 돌아오면 외할머니랑 아빠도 하나님 믿고 교회 갈 거예요. 두 사람 믿게 하려고 일부러 이런 일 생기게 한 거죠?'

삼 일 동안 열심히 기도하고 삼 일 후 아무 일이 일어나지 않자 나는 몸살로 앓아누웠다. 기도고 교회고 십자가고 뭐고 다 꼴도 보기 싫었다.

신과 절교하고 나는 더 강해져야 했다. 내 힘으로 꿋꿋하게 험난한 삶을 살아내려면 더 똑똑해져야 할 것 같았다. 똑똑해지기 위해 도서관에 있는 책들을 종류별로 먹어치우듯 읽어나갔다. 인간과 인류, 삶과 역사, 위인들의 이야기, 우여곡절을 담은 에세이를 읽으면서 나는 한 가지 사실을 발견했다. 세상은 불공평한 것 같지만 의외로 공평하다는 사실이었다.

누구는 흑인으로 누구는 백인으로 태어난다. 누구는 금수저 집안에 누구는 흙수저 집안에 태어난다. 누구는 롱다리 절세미녀로 누구는 숏다리 못난이로 태어난다. 누구는 천재의 두뇌를 타고나기도 하지만 누구는 태어날 때부터 뒤틀린 몸뚱이를 타고나 평생 자기 발로 걸어보지도 못하고 죽어간다. 누구는 자기를 위해 목숨을 거는 부모 밑에서 태어나지만 누구는 노상 술 마시고 손찌검하는 짐승만도 못한 부모 아래서 태어나기도 한다. 누구는 자유를 억압하는 나라에 태어나고 누구는 국가가 노후까지 보장해주는 나라에 태어나기도 한다. 자신이 선택할 수 있는 영역이 아니다. 그냥 그렇게 주어지는 거다. 신의 장난 같기도 하고 신의 편애 같기도 한 이런 모든 불공평해 보이는 현상들 사이에서도 공평한 것이 있었다. 이 세상 모든 사람에게 어김없이 공평한 단 한 가지.

사람으로 태어난 모든 존재는 결국엔 죽는다. 대통령도, 금메달리스트도, 미스코리아도, 노벨 평화상 수상자도, 살인마도, 백인도, 흑인도, 여자도, 남자도.

모두가 시기와 방식만 다를 뿐 결국 공평하게 죽는다. 사람은 태어나서 성공과 행복과 꿈을 향해 달려가는 듯하지만 결국엔 모두 죽음을 향해 달려가고 있다. 일시적으로 성공과 꿈을 손에 잡더라도 그 뒤엔 죽음이 기다리고 있다. 매일 하룻밤 자고 일어나면 우리는 죽음과 하루 더 가까워진다. 이 사실을 발견하고 나니 엄마가 죽은 걸 그리 슬퍼할 이유도 없겠단 생각이 들었다. 시간이 지나면 결국 아빠도 죽고, 언니도 죽고, 나도 죽을 테니 말이다. 뭔가 너무 허탈했다. 허무했다.

고마워 자존감

그럼 나이 들 때까지 기다리지 말고 지금 팍 죽어버려도 아무 상관없지 않을까?

언제 죽든 하나도 아쉬울 게 없는 인생사라는 걸 발견한 나는 삶의 목표 없이 그냥 저냥 흘러가는 대로 무기력하게 시간을 보내고 있었다. 그러다 초등학교 3학년 때인가 '스무 살까지만 살고 싶어요.'라는 영화 제목을 보고 겨우 삶의 목표를 정했다.

'그래! 아빠와 언니를 생각해서 스무 살까지만 살고 팍 죽어버리자! 그때까지는 착한 범생이로 살아주자!'

어차피 죽을 거 왜 태어났는지 모를 인생, 지금 당장 죽어 버려도 아무 상관없을 인생이지만 스무 살까지는 살아주자! 아빠와 언니에 대한 의리로! 그 이후 나는 의리 하나로 삶을 살아내기 시작했다. 의리의 힘은 대단했다. 그것은 무기력했던 삶을 힘껏 살아내게 했다.

5
고물장수 딸이
어때서?

학기 초가 되면 선생님은 공란이 있는 종이 한 장씩 나눠주고 가족사항을 적도록 시켰다. 가족의 이름과 나이, 부모님의 직업을 적는 칸이 있었다. 주변 친구들이 적은 걸 슬쩍 보면 아버지 직업이 대부분 회사원, 공무원, 사업가 등이었다. 나는 초중고 12년을 한결같이 고물장수라고 썼다. 우리 아버지는 '고물장수 채 씨'였고 나는 고물장수 채 씨네 둘째 딸이었다.

중학교 2학년 때인가 옆자리 친구가 종이를 받아들고 머뭇거리다가 '장사'라고 적는 걸 보고 호기심이 생겼다.

"너네 아버지 장사하시나? 무슨 장사 하시는데?"

나의 가벼운 질문에 친구는 얼굴이 벌게지더니 고개를 푹 숙이곤 대답을 못했다.

"뭔데? 과일 장사 하시나? 옷 장사 하시나?"

나의 단도직입적인 질문에 친구는 한참을 침묵하다가 기어들어가는 목소리로 겨우 대답했다.

"그런 건 물어 보면 안 된다. 상처 받는다."

나는 적잖이 놀랐다.

'아버지 무슨 장사 하냐는 질문이 상처를 주는 질문일 수 있나? 얘네 아버지 혹시 술장사 같은 거 하시나? 그래서 부끄러운 건가?'

"아, 미안. 우리 아빠는 고물장사 하시거든. 너희 아빠는 무슨 장사하는지 그냥 궁금해서 물어 본 거다. 다른 뜻은 없다."

내 말에 친구는 눈을 똥그랗게 떴다.

"그런 거 막 얘기해도 괜찮아?"

나도 눈을 똥그랗게 뜨고 친구를 봤다.

"와? 이런 거 얘기하는 게 어때서?"

친구는 고개를 갸웃거리더니 내 귀에 손을 갖다 대고 작게 속삭였다.

"우리 아빠는 초등학교 앞에서 떡볶이 장사한다. 이건 니만 알고 있어라."

그게 무슨 큰 비밀인지 의아했지만 나는 아무에게도 털어놓지 않겠노라고 약속했다.

그 후로 떡볶이 집 딸은 나를 친근하게 대했다. 저희 아버지가 간식으로 싸준 떡볶이를 유독 내게 자주 나눠주면서 늘 귀에 대고 속삭였다.

"다른 애들한텐 우리 엄마가 만들어 준 거라고 했는데 사실 우리 아빠가 만든 거야. 맛있어. 먹어 봐."

떡볶이 집 딸이 내 귀에 대고 그리 속삭일 때마다 나는 '임금님 귀는 당나귀 귀'에 나오는 대나무 밭이 된 기분이었다. 귓엣말을 마친 그 아이는 후련해하는 표정을 짓곤 했다. 고물장수 딸이라는 타이틀은 이후로도 여러 아이들에게 다가서기 편한 아이라는 이미지를 주었다.

고물장수 채 씨인 우리 아버지는 경운기를 끌고 시골길을 다니며 고철이나 고물 따위를 모아서 동네 고물상에 파는 일을 하셨다. 엿이나 사탕을 한 봉지 들고 다니면서 고물 나온 집이 없나 물어보고 고물과 엿을 바꿔 왔다. 아버지는 집 창고에 엿을 한가득 쌓아두고 나에게도 먹고 싶을 때 마음껏 꺼내먹으라고 하셨지만 나는 한 번도 손을 댄 적이 없었다. 그 엿들은 내 간식거리가 아니라 아빠의 장사 밑천이라는 것을 어렴풋이 알고 있었기 때문이다. 동네 할머니, 아주머니들이 망가진 프라이팬이나 냄비를 손수 들고 오시는 때도 있었다. 그럴 때면 나는 세상 다 얻은 듯 함박웃음을 지으며 감사하다고 거듭 인사를 드리곤 했다. 내가 중학교에 올라갈 무렵 집안 형편이 좀 나아지자 아버지는 작은 용달차를 사셨다. 경운기 시절보다 조금 더 멀리 다니시며 한 달가량 고철만 수집한 뒤 양이 차면 고철만 전문적으로 취급하는 시내 고물상에 다녀오셨다. 아버지가 여러 달 모은 고철더미를 용달차 한가득 싣고 길을 나설 때면 나는 출발하는 아버지 꽁무니에 대고 허리를 반으로 꺾으며 인사했다. 그 고물들은 우리 가족이 한 달 살수 있는 생활비가 되어 돌아왔다.

　나는 고물을 좋아했다. 고물 더미 속에는 아직 쓸 만한 물건이 숨어 있었다. 쇠로 만든 기차 모양의 연필깎이, 보온 물병, 철 필통 등 나는 고물 속에서 찾아낸 보물들을 잘 닦아서 오래 오래 사용했다. 언니나 동생이 학용품이나 일상용품 따위를 부모님께 사달라고 조를 때마다 나는 고물을 뒤지며 내가 찾아주겠다며 말리기도 했다. 그때마다 그들은 뜨악한 표정을 짓곤 했다. 낡고 버려진 물건들은 새 물건보다 더 정겨웠다. 이렇게나 쓸 만한데 주인한테 버려지다니 너무 불쌍하다는 생각도 들어서 더 아꼈다.

고물이라는 보물 _

시내에 내다 팔기 위해 고물들을 용달차에 싣는 날이면 나도 팔을 걷어붙이고 힘을 보태곤 했다. 아버지는 이런 험한 일은 여자애가 하는 거 아니라며 손사래를 치셨지만 나는 헐렁한 목장갑을 고집스레 끼고 작은 손이나마 힘을 보탰다. 한번은 열심히 고물을 싣고 있는데 같은 초등학교 남자애들이 지나다 저희들끼리 뭐라고 수군거렸다. 다음날

학교 운동장에서 그 무리를 다시 마주쳤다.

"야! 너 어제 고물 나르고 있었지? 너네 아빠 고물장수구나. 먹고 살기 힘든가 봐! 불쌍하구나."

"얘들아, 집에 있는 고물 좀 나오면 쟤네 갖다 줘."

"너도 크면 여자 고물장수 되겠네. 잘 어울리네."

세 녀석이 킬킬거리며 고물 나르는 시늉을 한다. 나는 기가 차서 대꾸를 말까 하다가 성큼 다가섰다.

"야, 너네! 반에서 몇 등 하냐? 성적표 좀 가져와 봐. 니네 어제 학원 가는 길에 나 본 거지? 나 고물 나르는 시간에 니네는 학원 다니니 성적 더 좋겠네? 나보다 성적 나쁘면 고물장수도 못해 먹고 살 건데 어쩌냐? 참고로 나는 성적표 올 수다. 보여줄까?"

눈을 똑바로 쳐다보며 조곤조곤 이야기하자 녀석들은 쳇, 못마땅한 얼굴이 되어 교실로 뛰어 들어간다.

'머저리들, 어디 고물장수 딸한테 뎀비고 그래? 뼈도 못 추릴라, 흥!'

나는 맹세코 살면서 단 한 번도 우리 아버지가 고물장수인 걸 부끄러워한 적도 없고 일부러 숨긴 적도 없다. 오히려 자랑스럽게 생각했다. 우리 아버지 스스로 본인의 직업에 만족해하시며 당당해하는 모습을 보고 자랐기 때문일 거다. 아버지는 늘 말씀하셨다.

"이 고물들이 효자다. 이 녀석들 덕분에 우리 여섯 식구 배부르고 발 뻗고 잘 수 있는 거다. 고물한테 참 고맙다."

나도 진심으로 고물들이 너무 고마웠다. 그 고물들은 우리에겐 보물이었다. 그리고 고물장수인 우리 아버지도 내겐 보물이었다.

한번은 떡볶이 집 딸인 친구가 자기 집에 나를 초대한 적이 있다. 친구는 집에 가는 길에 어느 초등학교 앞에서 떡볶이 포장마차를 하고 있는 자기 아버지에게 나를 소개했다. 친구 아버지는 한여름에 땀을 뻘뻘 흘리시며 떡볶이 양념을 만들고 계셨다. 그 분은 나를 보더니 허둥거리며 수줍어하셨다. 떡볶이를 봉지에 한 가득 담아서 나에게 주려고 걸어오시는데 한 쪽 다리를 절고 계셨다. 자기 딸이 친구를 데려온 건 처음이라고 하셨다. 기쁨과 쑥스러움이 교차하는 표정이었다.

친구네 집에 가서 같이 떡볶이를 먹다가 무심코 말했다.

"너희 아버지 떡볶이 진짜 맛있다. 나도 다음 생에는 이렇게 맛있는 떡볶이 만드는 아버지 딸로 태어나보고 싶다. 이런 떡볶이 매일 먹을 수 있으면 행복할 것 같아."

진심이었다.

떡볶이 집 딸은 한참을 말이 없다가 눈물을 뚝뚝 흘렸다.

6

똥쟁이 효자 복덩이
사랑해!

"누가 방구 꼈나? 자수해라. 냄새 너무 심하잖아!"

모여서 텔레비전 만화를 보다가 언니가 얼굴을 찡그렸다.

"내는 아니다."

"내도 아니다."

나와 큰 남동생이 정색하며 답했다.

"그럼 누군데?"

우리는 동시에 코를 막고 일제히 7살 막내 동생 민구를 바라봤다.

"앗! 민구 표정이 이상하다."

"에이씨. 민구 또 똥 쌌나 봐."

고마워 자존감

나와 큰 남동생이 호들갑을 떨자 언니가 잽싸게 일어나 민구를 일으켜 세웠다. 민구의 반바지 가랑이 사이에서 뭔가가 툭 하고 떨어졌다.

"으아악, 똥이다 똥! 아이고 냄새야."

"아이 더러워. 저 똥 덩어리 어떡해."

화들짝 놀란 우리가 뒤로 내빼며 소리를 지르자 언니가 낮고 차분하게 한마디 던졌다.

"내는 민구 씻기고 올 테니까 너희는 저거 좀 치아라."

큰 남동생과 내가 똥 덩어리를 두고 서로 옥신각신하는 사이 언니는 민구를 안고 나갔다. 우리 막내 민구는 초등학교 저학년 때까지도 대소변을 가리지 못해 옷에 실례하는 일이 잦았다. 그럴 때마다 민구 씻기기는 장녀인 언니 몫이었다.

친엄마가 돌아가시고 2년 뒤 아빠는 재혼했다. 새엄마는 두 남동생을 데리고 오셨는데 덕분에 막내였던 나는 순식간에 서열 2위로 급상승했다. 아빠와 언니, 나 우리 세 식구와 엄마와 두 남동생 세 식구가 합쳐서 우리는 대가족이 되었다. 막내 동생 민구는 귀염상인 동그란 얼굴에 방실방실 잘 웃어서 가족과 동네 사람들의 귀여움을 독차지했다.

민구는 5살이 될 때까지도 엄마 아빠 소리를 못하고 그저 천진난만한 얼굴로 웃기만 했다. 말이 좀 늦는가 보다 싶어 대수롭잖게 여겼지만 말문이 트일 기미가 없었다. 그러다 7살쯤 되어서야 엄마 아빠 소리를 하고 아주 단순한 몇 가지 사물의 이름을 말할 수 있었다. 대소변도 가리지 못해 늘상 옷에 똥오줌을 쌌는데 식당일을 나가시는 새엄마 대신에 민구를 돌보는 건 우리 형제들의 몫이 되었다. 정확히는 언니의 몫이었다.

민구의 언어능력이나 인지능력은 또래에 비해 뒤처지는 정도가 아니라 어느 선에서 아예 멈춰버린 것 같았다. 시간이 지나도 더 나아지지 않는 것 같다고 가족 모두가 수긍하고 난 뒤 민구는 지적장애 진단을 받았다. 민구의 정신연령은 7살 수준에서 멈췄고, 어른이 되지 않는 피터 팬처럼 평생 순수한 동심의 세계에 머무르게 되었다. 그리고 졸지에 장애아 동생까지 떠안은 언니와 나의 정신연령은 애어른을 넘어 애늙은이가 되어가고 있었다.

고생이야? 시트콤이야? _

간호사가 꿈이었던 언니는 민구가 하루에 똥을 연달아 세 번 싸도 얼굴 한 번 안 찌푸리고 화 한 번 내지 않고 늘 자상하게 씻겨 주었다. 언니가 집에 없을 때는 큰 남동생과 내가 서로 미루다가 가위 바위 보로 순번을 정하곤 했다. 민구의 똥은 종류도 색깔도 냄새도 늘 달랐다. 저 혼자 한참을 놀던 민구가 냄새를 풍기며 다가올 때는 엉덩이와 옷에 들러붙은 똥을 떼어내느라 고역을 치르곤 했다.

"우웩."

가위 바위 보에서 진 큰 남동생은 임산부처럼 과장스럽게 헛구역질을 하며 민구를 씻겼다. 그 모습이 너무 웃겨서 배를 잡고 박장대소하면 민구도 나를 보며 헤헤 따라 웃었다.

나는 뚱쟁이 막내에 대한 이야기를 종종 일기에 적어 냈다. 성가시기도 하고 불편하기도 했지만 참 별난 일이었기 때문에 일기를 쓸 때는 늘 재미있었다. 그러나 담임선생님은 자꾸만 반복되는 똥 얘기가 걸렸는지 한번은 나를 따로 부르셨다.

"일기 봤는데 말이다. 동생이 장애아니?"

"네, 지적장애 진단 받았어요."

"친동생은 아니지?"

"네, 새엄마가 데려온 동생이에요."

선생님은 얼굴이 어두워지면서 내 손을 꼭 잡아주셨다.

"그래, 니가 고생이 많겠다. 힘내라."

이럴 때는 어떤 표정을 지어야 하나? 이실직고하자면 실은 별로 고생스럽진 않았는데 말이다.

나는 초등, 중등, 고등학교를 거치면서 나보다 더 우리 집을 걱정해주고 나를 신경써주는 선생님과 친구들을 수도 없이 만났다. 자살한 친엄마, 고물장수 아빠, 새엄마, 장애아 동생이라는 이력을 굳이 숨기지 않고 다 털어놓는 내 성향 때문에 벌어진 일인데 때로는 걱정만 끼치는 것 같아 차라리 숨길까 싶을 때도 있었다. 그들의 걱정과 달리 나의 하루는 별다른 고생 따위는 없었다. 특히 민구에 대해서만큼은 고생이라는 단어보다는 시트콤 코미디 같은 추억이 더 많았다.

민구가 열세 살이 되어 '쉬'라고 말로 대소변에 대한 의사표시를 할 수 있고 스스로 대소변을 가리게 되었을 때 우리 삼남매는 만세를 불렀다. 드디어 민구의 똥냄새에서 해방되었다. 우리는 민구에게 절이라도 하고 싶었다.

우리 집안의 효자 복덩이 _

"효자 복덩이 민구."

아빠는 민구를 이렇게 불렀다. 장난스런 아빠와 천진난만한 민구는 궁합이 잘 맞았다. 둘이 늘 부둥켜안고 뽀뽀하고 유치하게 장난치는 게 일상이었다. 아빠는 용달차 옆 좌석에 민구를 태우고 고물을 얻으러 다니곤 했다. 아빠는 다른 자식들은 다 커서 제 갈 길 찾아 품을 떠나더라도 민구는 늘 곁을 지킬 테니 이놈이 효자노릇 할 거라고 입에 침이 마르게 이야기하곤 하셨다. 아빠 말대로 효자 복덩이 민구는 아빠가 일흔 조금 넘어 뇌졸중으로 갑자기 돌아가셨을 때 유일하게 엄마와 함께 임종을 지킨 자식이 되었다. 각자 직장과 가정 때문에 타지로 떠나 있던 언니와 나, 큰 남동생은 민구에게 얼마나 고마웠는지 모른다. 서른이 넘어서도 일곱 살의 지능과 마음을 가진 순둥이 민구 덕에 인생이 너무 행복했다고 아빠는 살아계실 때 여러 번 이야기하셨

고마워 자존감

다. 똥쟁이 민구는 우리 집안의 복덩이였다.

"작은 누나 좋아. 누나 좋아."

나는 주기적으로 아동용 애니메이션 영화가 나오면 민구를 데리고 영화관을 찾는다. 민구는 영화 보는 날만 손꼽아 기다리다가 당일이 되면 저리 '누나 좋아'를 연발한다. 7~10세 사이 아이들이 가득한 영화관에서 서른 살 넘은 민구는 애들과 같이 깔깔거리며 웃는다.

"누나, 쉬."

영화를 보다가 민구가 신호를 보내면 화장실 위치를 반복해서 알려주고 잘 갔다 오라고 신신당부하고 화장실로 보낸다. 어두컴컴한 영화관에서 조심조심 출구를 찾아나가 화장실을 혼자 갔다 돌아오는 민구를 보면 대견스럽기까지 하다. 몇 년 전까진 같이 데리고 가거나 혼자 보내 놓고도 불안해서 뒤따라갔는데 이젠 혼자서도 알아서 잘 다녀온다. 화장실 미션을 잘 수행한 걸 칭찬하며 엄지손가락을 치켜세우면 '작은 누나 좋아'를 또 반복한다.

'요녀석아, 니 어릴 때 똥 치워준 건 느그 큰누나다. 큰누나도 좋다 해야지.'

나도 효자 복덩이 민구가 좋다.

2장

자존감의
씨앗

나의 친어머니는 자살자다. 나의 아버지는 파산자다. 나의 언니는 이혼녀다. 나의 동생은 장애우다. 그래도 나는 여왕이 되기로 선택했다. 이 특이한 이력의 가족들이 내 자존감의 근원이 되었다.

저게 혼자서 둥글어질 리는 없다.
저 안에 무서리 내리는 몇 밤, 저 안에 땡볕 두어 달,
저 안에 초승달 몇 날이 들어서서 둥글게 만드는 것일 게다.

_대추 한 알, 장석주

1
빛 가운데서
빛 발견하기 능력

돈에 대한 욕심은 없었다. 그저 아빠가 고물 팔아 우리 가족 한 달 먹고 살 수 있으면 감사하며 만족스러웠다. 그 고물들 덕에 우리 여섯 식구는 한 칸짜리 셋방에서 두 칸짜리 셋방으로 이사 갈 수 있었다. 내가 고등학교에 입학할 무렵에는 비록 그린벨트 땅 위의 무허가 건물이었지만 방 세 칸짜리 우리 집을 갖게 되었다. 새 집으로 이사 가던 날 새엄마는 함박웃음을 지으며 방바닥을 닦고 또 닦으셨다. 장애아가 있는 가족에게 세를 주지 않으려는 집주인들의 눈치를 벗어나게 되었으니 엄마는 이제 두 다리 쭉 뻗고 자겠다며 좋아하셨다. 빚을 내서 마련한 집이긴 했지만 지금처럼 고철 팔고 조금 더 아껴 쓰면 금방 갚을 수 있을 것 같았다. 이제야 우리 집에 해 뜰 날이 왔구나 싶었다.

　동쪽 하늘로 해가 부지런히 떠올라 막 우리 집을 비추려고 할 무렵, 대한민국은 IMF 외환위기의 소용돌이에 휘말렸다. 학교에 가면 자기 아버지가 회사에서 해고당했다고 울거나 장사가 안 돼서 가게를 팔았다고 한숨 쉬는 친구들이 속출했다. 안됐다는 생각이 들긴 했지만 한편으론 우리 아빠는 회사원도 아니고 가게 사장도 아니어서 다행이다 싶었다. 기업들이 파산하고 경제가 휘청거린다는 뉴스가 연일 쏟아져 나왔지만 고물장사나 하는 우리 집이 무슨 상관이랴 대수롭지 않게 넘겼다.

　그런데 남들보다 늦었을 뿐 IMF의 파도는 멀리 우리 집 가까이까지 밀려오고 있었다. 내가 대학생이 된 해부터 아빠가 고물을 모아다 팔던 시내 고물상들이 하나둘 문을 닫기 시작했다. 아빠의 일거리도 줄어들었고 엎친 데 덮친 격으로 몸에 무리가 오셔서 쉬어야 하는 날이 많아졌다. 아빠는 빚을 내서 생활비를 댔고, 이자는 눈덩이처럼 불었다. 그렇게 몇 년이 흐르자 이자를 내기도 버거울 만큼 빚더미가 늘었다. 은행에서 독촉 전화가 수시로 걸려왔다. 부모님의 시름이 깊어지던 어느 날, 나는 다니던 사범대학을 자퇴하고 안광학기기를 판매하는 작은 사무실에 서무 보조로 취업해 빚 갚는 데 힘을 보태기 시작했다.

　대학 중퇴자인 나의 첫 월급은 80만 원이었다. 차비 5만 원 빼고 나머지 75만 원을 이자 충당하는 데 보탰다. 원금은커녕 이자의 일부밖에 갚지 못했다. 빚을 갚는 속도보다 이자가 불어나는 속도가 더 빨랐다. 몇 년을 이렇게 살아야 원금을 전부 상환할 수 있는지 계산기를 두드려 보던 나는 빚의 노예를 의미하는 막막한 숫자 앞에서 망연자실했다.

아버지가 사업을 하다 망한 것도 아니고 도박을 해서 진 빚도 아니다. 검소하고 소박하게 자기 두 손으로 열심히 살아 오셨는데 어째서 이런 큰 빚을 떠안게 되었는지 납득하기 어려웠다. 온 가족이 평생 빚만 갚다가 인생을 종치게 되는 건 아닐까 두려운 마음이 엄습했다. IMF 외환위기의 무서움을 나는 그때서야 실감했다.

빚 독촉에 시달려본 사람들은 안다. 돈 앞에 사람이 얼마나 초라해지고 비참해지는지. 사람이란 존재가 돈보다 귀한 게 정말 맞는 건가? 너무 당연한 얘기라고 믿었던 교과서 문장이 의심스러웠다. 차비를 제외한 나머지 월급으로 빚 갚기, 아니 이자 갚기를 하면서 속으로는 여러 감정이 교차하고 있었다. 억울함, 분노감, 허탈함, 무기력함, 공허함……

부모님이 척척 대준 돈으로 대학도 다니고 유럽여행도 갔다 왔다는 부자 집 친구들이 부러웠다. 집안에 손 내밀지 않고 알바로 학비와 용돈을 충당하며 학교를 다니는 주경야독 친구들도 부러웠다. 부모님 빚을 함께 갚느라 알바에 치여 사는 친구도 있었는데 손가락으로 완납일을 꼽아보며 한숨짓고 있었지만 기약이 있다는 것만으로 그 친구가 부러웠다.

나의 빚 갚기, 아니 우리 빚 갚기는 끝이 보이지 않았다. 나는 전생에 무슨 죄를 그리 많이 지었기에 이렇게 남과 다른 삶을 살아야 하는 건지 신이 원망스러웠다.

내가 가지고 있는 것들, 할 수 있는 것들, 감사할 것들 _

나는 마음의 울분을 달래기 위해 법정 스님이 쓰신 〈무소유〉를 들고 다니며 수시로 읽었다. 책장을 넘기던 나는 내가 무엇을 소유하고 있었는지 발견하게 됐다. 나는 '빚을 다 갚아야만 행복할 것이다'라는 생각을 소유하고 있었다. 그 생각이 나의 온 마음을 지배하고 내 인생을 사로잡고 있었다. 나는 '빚의 노예가 아니라 '빚을 갚지 못하면 내 인생은 불행에 빠질 것이다'라는 생각의 노예가 되어 있었다. 나는 그 생각을 내려놓기로 했다. 그 생각을 바꿔보기로 했다. '빚을 떠안고 있는 상황 가운데서도 행복하기'를 목표로 삼아 보기로 했다.

그 무렵, 나는 선천적으로 팔다리 없이 태어난 닉 부이치치 이야기를 듣게 되었다. 닉은, 자신에게 없는 것에 연연하지 않고 자신이 할 수 없는 일보다 자신이 할 수 있는 것에 집중하기로 마음먹었다고 한다. 할 수 없는 일 때문에 속상하고 힘들어할 시간에 할 수 있는 일을 찾아서 도전하는 삶을 선택했더니 자신이 할 수 있는 게 너무 많다는 걸 발견하게 됐다고, 두 팔이 없는 닉은 진지하게 말했다. 그는 팔이 없어도 수영을 할 줄 안다. 그는 다리가 없어도 서핑을 즐긴다. 팔다리가 없으면 못할 것이라고 여겼던 일들도 마음을 바꿔 먹으니 할 수 있는 목록이 늘어난다.

나는 빚 상환 기록을 적어두던 노트를 들고 마지막 페이지를 펼쳤다. 그리고 거기에 '내가 가지고 있는 것들, 할 수 있는 것들, 감사할 것들'에 대한 목록을 써내려갔다.

1. 나는 두 팔이 있다.

2. 나는 손가락이 열 개 다 있다.

3. 나는 두 다리가 있다.

4. 나는 발가락이 열 개 다 있다.

4. 나는 아직 젊다.

5. 나는 말할 수 있다.

6. 나는 들을 수 있다.

7. 나는 눈으로 볼 수 있다.

8. 나에겐 사랑하는 가족들이 많다.

9. 나는 자유가 보장되는 나라에 태어났다.

10. 나는 매순간 공기를 무상으로 공급받고 있다.

11. 나는 매일 빛을 무상으로 공급받고 있다.

12. 나는 하루 세 끼를 다 챙겨 먹고 있다.

13. 나는 입을 수 있는 옷이 있다.

고마워 자존감

14. 나는 신을 수 있는 신발이 있다.

15. 나는 사무실에서 커피를 마음껏 마실 수 있다.

16. 나는 도서관에서 책을 마음껏 빌려 볼 수 있다.

⋮

불과 30분 만에 번호는 100번을 넘겼다. 웃음이 났다. 갑자기 부자가 된 것 같았다. 가진 게 너무 많았다. 할 수 있는 게 너무 많았다. 감사할 거리가 너무 많았다. 마음이 편안해졌다.

'내 손가락 하나를 10억을 줄 테니 떼 달라고 하면 떼 줄까?'

'내 팔 한 쪽을 100억을 줄 테니 떼 달라고 하면 떼 줄까?'

내 대답은 'NO!'였다.

10억보다 100억보다 더 비싼 신체의 여러 부위를 가지고 있는 것만으로도 나는 이미 굉장한 부자였다.

'전기처럼 돈을 내고 공기를 써야 했다면 나는 공기세로 얼마나 냈어야 할까?'

'가스처럼 돈을 내고 햇볕을 써야 했다면 나는 햇볕세로 얼마나 냈어야 할까?'

생명유지에 너무나 필수적인데도 대가 없이 누리고 있는 자연에 대해서도 감사하는 마음이 들었다.

나는 '빚 갚기'를 '빚을 안고 있는 상황 가운데서도 행복하기'를 익히기 위한 하나의 수행, 훈련 프로그램으로 생각하기로 마음먹었다. 이

후 2년의 세월동안에도 나는 계속 월급의 90%를 바치며 이자 지우기에 안간힘을 썼지만 이자라도 낼 수 있는 상황에 감사해했다. 성실하게 이자라도 벌어서 갚아가는 나를 나 스스로 존중하고 격려해주었다. 나 자신과 주변 사람들과 자연만물에서 뭔가 거리를 찾아 감사를 표했다. 이제 나는 어떤 질척이는 흙탕물에 던져져도 기쁨을 찾으며 편안하게 지낼 수 있을 것 같았다. 그 즈음 아버지는 파산신청을 하셨다. 나는 파산에 감사해했다.

만약 여러분이 어느 날 감당할 수 없는 집안의 빚을 떠안게 된다면 여러분은 이런 능력을 키울 수 있는 기회를 얻은 게 된다.

빚 가운데서 빛을 발견하는 능력!

2

제발 나 좀
살려주세요!

"그런데 스무 살까지만 살겠다고 다짐했다면서 어째서 스무 살 넘도
록 계속 살아계셨던 거여요?"

내 인생 스토리를 듣던 사람들 중에는 이처럼 직구를 던지는 호기
심쟁이가 숨어 있기 마련이다. 초등학생 때 다짐한 대로 스무 살이 되
던 해에 과감하게 혀를 깨물고라도 인생을 매듭지어야 했단 말인가.
나는 웃으며 답한다.

"아빠와 언니에 대한 의리 때문에 좀 더 살다가 스무 살쯤에 죽겠다
고 다짐한 거잖아요? 그런데 스무 살을 앞두고 IMF가 닥치는 바람에
온 집안이 빚에 시달리고 있는데 의리 없이 죽으면 되겠어요? 죽을 때

죽더라도 이 빚은 해결해 놓고 죽어야겠다고 생각했죠. 그리고 스무 살 이후론 한동안 빚 갚는다고 정신없어서 죽을 생각을 할 틈이 없었어요."

사실이 그랬다. 계획대로라면 나는 언젠가는 죽게 되는 허무한 인생이니, 스무 살에 깔끔하게 끝을 냈어야 했다. 하지만 집이 빚더미에 깔려서 비명을 지르고 있는데 혼자 죽을 엄두를 낼 수 없었다. 죽는 건 참 쉬울 것 같은데 상황이 이러니 이를 악물고서라도 버티며 빚을 갚아야 할 것 같았다. 빚 덕분에 나는 더 치열하게 살았다.

친엄마가 돌아가신 후 하나님에 대한 배신감으로 교회를 등졌다. 중고등학생 때 동네 친구들과의 친분 때문에 마을 교회를 다니기는 했으나 친구 따라 강남 간 격이지 딱히 신을 믿고 싶었거나 의지처가 필요했기 때문은 아니었다. 사람 좋아하는 내게 교회는 그저 사교의 장 그 이하도 그 이상도 아니었다. 그러다가 IMF 외환위기의 여파로 집이 빚더미에 올라앉으면서 그마저도 끊어버리게 되었고, 신이 없는 차가운 현실에서 우리 가족은 가장 어둡고 길었던 터널을 통과했다.

이후 나는 우여곡절 끝에 20대 중반에 언어치료학과에 입학했다. 빚을 갚으면서 익힌 감사의 마음과 악바리 정신으로 학과 생활을 충실히 이어갔다.

언어치료학과 동기들 중에는 나처럼 직장생활을 먼저 경험하고 입학한 늦깎이 신입생 언니들이 몇 명 있었다. 그 중 가장 나이가 많은 왕언니가 나를 친동생처럼 챙겨주었다. 언니는 산악인 수준의 등산

애호가였다. 나는 언니를 따라 큰 산 등반에 재미를 붙였다. 지리산, 설악산, 북한산, 소백산 등등 언니 따라 정상까지 밟은 산의 목록이 늘어갔다. 힘들게 걷고 또 걸어서 정상에 섰을 때의 풍경과 기분은 이루 형언할 수 없는 감동이었다. 나는 가슴이 답답할 땐 큰 산을 찾아 혼자 훌쩍 떠나곤 했다. 거친 숨과 함께 긴 시간을 걷다 보면 머릿속을 맴돌던 근심의 날벌레들이 잠잠해지곤 했다. 정상에 가까울수록 가슴이 두근거리고 답답한 마음이 뻥 뚫리는 것 같은 느낌이 나를 계속 산으로 재촉했다.

왕언니는 큰 산은 길을 잃거나 낙사의 위험이 있기에 절대로 혼자 가면 안 된다고 신신당부했다. 특히나 겨울산은 동사의 위험까지 있으니 옷과 장비를 잘 갖춰야 하고 전문가들과 동행해야 한다고 주의를 주었다. 언니는 늘 안전을 강조했지만 내 귀에 오래 머물지 못했다. 마음 내킬 때마다 별다른 준비 없이도 훌쩍 다녀왔는데 별 탈 없었다.

1학년 2학기 마지막 수업을 마치자 나는 다시 산행을 마음에 두고 있었다. 마침 겨울의 문턱이던 그 날 나는 얇은 잠바 하나만 걸치고 지리산으로 향했다. 지리산은 산의 규모에 걸맞게 등산 코스가 다양했다. 내가 접어든 길은, 산세가 험해서 등산로보다는 하산코스로만 이용하는 인적 드문 길이었다. 머리가 복잡하고 가슴이 답답할 때마다 무작정 산을 찾던 그 버릇대로 별 생각 없이 걸음을 내디딘 게 하필 그 방향이었다. 매표소를 지나는 데 직원이 내 차림새를 훑어보더니 걱정스런 얼굴로 물었다.

"이쪽은 산세가 험한데 아무 장비도 없이 그 차림으로 올라가신다고요? 좀 있으면 눈도 내릴 거 같은데 오늘은 그냥 돌아가시고 다음에 옷하고 장비 잘 챙겨서 다시 오세요. 그 차림으로 가면 얼어 죽어요."

고집쟁이인 나는 꾀를 냈다.

"산악인 일행이 있어요. 다른 코스에서 지금 오고 있는 중인데 중간 지점에서 만나기로 되어 있어요. 그 분들이 옷하고 장비 다 가지고 계셔요."

거짓말이 술술 잘도 나왔다. 작정하고 왔는데 발길을 돌리고 싶지 않았다. 매표소 직원은 미심쩍은 표정을 지으면서도 나를 그냥 보내 주었다.

"혹시라도 길을 잃거나 하시면 무조건 위를 향해 올라가셔야 해요. 아주 오래된 산장이 하나 있을 거예요."

내 등에 대고 외치는 직원에게 나는 대꾸도 하지 않고 빠른 걸음으로 산속으로 사라졌다. 산속으로 들어가 보고서야 왜 이 코스를 꺼리는지 알 수 있었다. 주변 경관이 볼품없었고 길바닥도 울퉁불퉁한데다 드문드문 바위들이 거칠게 길을 막고 있었다. 숨을 고를 만하면 오르막길이 출현했다. 나는 아주 느긋하게 걸었다. 이 길을 따라 천왕봉을 찍고 제일 가까운 산장에서 하루 묵었다 하산하면 되겠지 싶었다. 지도는 없었지만 등산객들이 길을 표시하기 위해 나뭇가지에 묶어둔 꼬리표들을 보고 따라가다 보면 뭐라도 나오지 않겠나 싶었다.

신이 있다면 내를 살리도!_

산 속은 적막했다. 3시간을 걸어도 사람 한 명 만나지 못했다. 다람쥐 같은 동물이 사부작거리는 소리도, 산새 소리도 들리지 않았다. 모두 겨울잠을 자러 갔나 싶을 정도였다. 내 발자국 소리와 숨소리만 온 산에 가득했다. 하늘에서 눈을 흩뿌리기 시작했다. 해도 지고 있었다. 산의 그림자가 차츰 짙어졌다. 겨울산은 해가 빨리 진다. 불현듯 이렇게 걷다가 동사할지도 모르겠다는 생각이 스쳤다. 눈 내리는 겨울 산에서 얼어 죽다니, 그 또한 낭만적일 것 같았다.

나는 마음이 아주 여유로워지면서 느긋하게 걷기 시작했다. 천왕봉이나 산장까지 찾아가도 나쁘지 않고 산길에서 얼어 죽어도 나쁘지 않을 것 같았다. 흘러가는 대로 맡겨보자는 심산이었다. 길을 표시하는 꼬리표만 따라 몇 시간을 더 걸었다.

해가 완전히 졌다. 주변이 칠흑같이 캄캄해졌다. 발목까지 쌓인 눈이 걸을 때마다 운동화 속으로 차갑게 파고들었다. 발에 감각이 무뎌지고 있었다. 온 몸이 오들오들 떨리기 시작했다. 계속 떨다 보니 몸이 따가웠다. 심장이 쿵쾅거렸다. 가슴 밖으로 심장이 튀어나올 것 같았다.

'이 상태로 한 시간만 더 있다가는 진짜 동사하겠네. 아무려나 상관없지, 뭐.'

이런 생각이 머리를 스치자마자 내 몸은 전속력으로 뛰기 시작했다.

죽어도 상관없겠다는 생각과는 다르게 몸은 살 길을 찾기 위해 몸부림치고 있었다. 나는 마음과 몸이 정반대로 움직일 수 있다는 사실을 그때 처음 배웠다. 몸이 마음의 말을 듣지 않고 독단적으로 움직이고 있었다. 마치 독립적인 의지를 지닌 것 같았다. 헉헉거리며 숨소리가 거칠어졌다. 땀이 뻘뻘 나면서 추위가 가시고 손발이 따뜻해졌다. 뛰는 걸 멈추지 않았다. 뛰면서도 웃음이 났다.

'뭐야. 왜 이리 살기 위해 발버둥치는 거야. 원래는 스무 살에 죽기로 했잖아? 웃긴다, 너.'

한참을 뛰어가는데 갑자기 세 갈래 길을 만났다. 그런데 길을 표시한 꼬리표가 보이지 않았다. 어디로 가야 할지 방향을 잡을 수 없었다.

"겨울 지리산에서 길을 잃으면 동사 아니면 낙사다."

왕언니가 했던 말이 떠올랐다. 함부로 아무 길이나 접어들었다가는 낙사의 위험이 있었다. 나는 그 자리에 주저앉았다. 몸은 금방 다시 차가워지기 시작했다.

벼랑 끝에 서면 사람의 본심이 나온다.

"부처님, 마리아님, 알라신님, 지리산 산신령님, 지리산 호랑이님 나 좀 살려주세요. 제발 나 좀 살려주세요!"

내가 아는 모든 신의 이름을 부르며 살려달라고 부르짖었다. 다만 하나님은 부르지 않았다. 그 신에게만은 목숨을 구걸하고 싶지 않았다. 체온이 뚝뚝 떨어지는 게 느껴졌다. 심장이 미친 듯이 뛰었다.

'진짜 여기서 죽는 건가?'

　　　　　　　　　　　　　　　　　　고마워 자존감

어릴 시절의 일들이 파노라마처럼 스쳤다. 죽음을 코앞에 두면 일생에 겪은 사건들이 주마등처럼 떠오른다더니 이게 그거였다.

"아, 하나님, 하나님 나 좀 살려줘 봐요."

턱이 덜덜 떨리고 이빨이 따닥따닥 부딪히면서도 목이 멘 나는 겨우 말을 뱉어냈다.

"하나님, 진짜 있다면 나를 살려내 보란 말이다!"

나는 있는 힘을 다해 악을 쓰며 소리를 질렀다. 내 절규는 메아리가 되어 온 산으로 울려 퍼졌다.

3

죽을 만큼의 고비 뒤에
웃을 날이 반드시 온다

"하나님! 진짜 있다면 나를 살려내 보란 말이다!"

나는 있는 힘을 다해 악을 쓰며 소리를 질렀다. 내 절규는 메아리가 되어 온 산으로 울려 퍼졌다. 그런데 울림소리 가운에 다른 소리가 섞여 있었다.

드드드드드.

희미한 기계음 같은 것이 어디선가 들렸다. 자리에서 벌떡 일어났다. 기계소리가 들리는 곳에 사람이 있을 거란 생각에 소리가 흘러나오는 방향으로 있는 힘껏 뛰었다. 시간은 한밤중이 되어 있고 눈은 끊임없이 오고 앞은 전혀 보이지 않았다. 길이 어딘지도 모르는 상황에서 소

고마워 자존감

리에 의지해 수풀을 헤치며 올라갔다. 눈길에 미끄러져 무릎이 까지고 피가 났지만 다시 일어나 뛰었다.

"하나님, 이번에 살려주시면 다시는 허무해하거나 부정적인 생각에 빠지지 않겠습니다. 긍정적으로 감사하며 열심히 살겠습니다. 신이 원하는 대로 살아보겠습니다."

속으로 신에게 애원하고 빌면서 1시간 정도 뛰자 기계음 소리가 귓가에 뚜렷했다. 오르막이 끝나고 평평한 지대가 나타났다. 금방이라도 쓰러질 듯 작고 허름한 산장이 하나 있었다. 지리산 치밭목 산장이었다.

"세상에! 하나님, 감사합니다."

나는 산장 문을 세차게 두드렸다. 놀란 산장지기 아저씨와 등산객 몇 명이 문을 열고 나와 나를 부축해줬다. 이불을 가져와 꽁꽁 얼어붙은 내 몸에 덮어주고 따뜻한 물을 줬다. 긴장이 풀리면서 사시나무 떨리듯 떨렸다.

'살았다. 살았다. 살았다……'

눈물보다는 웃음이 났다. 내가 들은 기계음은 산장의 전기 공급을 위해 사용하는 자가 발전기 소리였다고 한다. 다음날 나는 등산객 아저씨들의 부축을 받고 지리산을 내려올 수 있었다. 아저씨들은 라디오에 사연 보낼 일이라며 농담을 던졌다. 아가씨는 죽을 고비 한번 넘겼으니 100세까지 장수할 거라는 농담도 덧붙였다. 아저씨들은 나를 배웅해주면서 이렇게 말했다.

"아가씨, 죽다 살았으니 이제 웃을 일만 있을 거야."

매를 먼저 맞고 시작하는 인생이야 _

빚더미가 눈앞을 가려 앞이 막막하던 시절, 철학관을 찾은 적이 있다. 인생으로부터 연속 펀치를 맞아 기진맥진한 상태였다. 너덜너덜해진 내 마음은 80대 노인처럼 기력이 없었다. 스물 살까지의 내 인생은 정상이 아닌 것 같았다. 전생에 큰 죄를 졌거나 액운이 끼었거나 그것도 아니라면 누군가 장난을 치고 있는 게 분명했다. 이유라도 알아야 덜 억울할 것 같았다. 수소문해서 찾아간 철학관은 뱀 꼬리처럼 방문객이 길게 줄을 서 있었다. 꼬박 반나절을 기다리고서야 용하다는 그 분과 마주 앉을 수 있었다.

나는 생년월일만 알려주고 다른 이야기는 일절 흘리지 않았다. 철학관을 찾는 아줌마들이 미주알고주알 사연을 늘어놓으면 그 정보에 맞춰 이야기를 짜 맞춘다는 소리를 들었던 까닭이다.

'그래 그렇게 용하다면 생년월일만 가지고도 충분하겠지.'

눈에 힘을 빡 주고 그가 입을 떼기만 기다리고 있었다. 차분한 인상의 철학관 아저씨가 탁자에 놓인 종이에 알 수 없는 한문을 쓱쓱 쓰더니 한참을 기다렸다가 입을 열었다.

"매를 먼저 맞고 시작하는 인생이야."

울컥했다. 갑자기 눈물이 차올라서 입술을 깨물었다. 지나온 내 삶을 너무 정확하게 표현한 말이었다.

"어릴 때부터 고생이 극심해서 이루 말로 다할 수 없었겠구먼."

나는 조용히 고개만 끄덕였다.

"아가씨, 자연에 사계절이 있듯 인생에도 사계절이 있는데 아가씨는 추운 겨울에 태어난 거야. 사방이 꽁꽁 얼어붙어서 도움 받을 손길도 없고 추위의 강풍이 모친도 쓸어가게 돼 있어."

언급하지도 않은 엄마 이야기까지 나오자 깜짝 놀랐다.

"사주에 엄마가 둘인데 친엄마는 10살 전에 인연이 끝나는 걸로 나와. 아버지가 정은 깊은데 재물이 없어 도움이 안 되고. 주변 도움 바랄 수 없고 자기 힘으로만 버텨야 하는 팔자야. 태어나서 봄, 여름, 가을 시즌부터 맞이하는 사람들은 주변 도움 바랄 수 있지만 아가씨는 아니야. 그냥 받아들여."

다 맞는 말이지만 너무 억울했다.

"너무 불공평해요. 고생이 끝이 있긴 한 거예요?"

나는 따지듯이 말했다.

"불공평한 거 없어. 계절은 돌고 도니까. 누구나 인생의 겨울은 있어. 언제 오느냐가 다를 뿐이지. 아가씨는 남보다 빨리 맞이한 것뿐이야. 이 겨울을 잘 견뎌내면 이후엔 좋은 날만 오겠지."

뭔가 상당히 희망적인 이야기였다.

'그렇구나! 인생에는 고생의 총량이 정해져 있어서 어릴 때 미리 다

겪으면 나중이 편할 수 있겠네!'

나는 갑자기 신이 났다.

"그렇다면 봄부터 시작한 사람은 말년에 겨울을 맞이할 수 있겠네요?"

"그렇지. 그러니까 어쩌면 아가씨는 운이 좋은 걸 수도 있어."

"네? 운이 좋다는 건 좀……"

눈을 동그랗게 떴다.

"매를 먼저 맞고 시작하면 맷집이 생겨서 이후에 힘든 일이 찾아와도 잘 버텨낼 수 있어. 그런데 어릴 때부터 주변 도움으로 편안하게 자랐던 사람들은 맷집이 없어. 나이 들어 겨울이 왔는데 견딜힘이 없으면 진짜 비참해지거든. 어릴 때 두들겨 맞는 게 나이 들어 두들겨 맞는 거보다 운이 좋은 거야."

상당히 일리가 있는 말이었다. 그동안의 고생들에 감사인사라도 해야 할 것 같았다.

"여기 사주 보러 오는 노인들 중에 젊을 때 집이 갑부였던 사람들 꽤 있어. 일장춘몽처럼 좋은 시절 지나가고 다 잃어버리고 지금은 초라하지. 예전의 황금시절을 어떻게 다시 찾을 수 있겠냐고 나한테 묻는데 내가 뭐라 그러겠어? '어르신, 인생의 좋은 거 누릴 만큼 누려보셨을 테니 이제 욕심 내려놓고 순리대로 살다 가세요.'라고 해 줄 수밖에."

나는 얼굴도 본 적 없는 그 분들에게 안쓰러운 마음이 들었다.

"아가씨는 인생에게 매를 너무 호되게 맞긴 하네. 차라리 죽는 게 편

고마워 자존감

하겠다 싶은 생각도 종종 들 거야. 그래도 한번 악착같이 견뎌 봐. 상당한 맷집이 생겨서 인생의 자산이 되어줄 테니."

살면서 들어본 위로와 격려 중 가장 마음에 와 닿는 말이었다.

"그럼 제 인생의 봄날은 언제쯤 오나요? 언제쯤 이 고생들이 다 지나가요?"

철학관 아저씨는 적어놓은 한문들을 쭉 훑어보더니 충격적인 말을 했다.

"46세."

"뭐라구요?"

온 몸에 힘이 쭉 빠졌다. 내 나이 이제 20세인데 이 고생이 20년 이상 지속된다고 생각하니 머릿속이 하얘졌다.

"26세부터 숨통이 아주 조금 트이기는 해. 그러다 46세부터는 어느 자리에 가서 무슨 일을 해도 최고 소리 들으면서 꽃길 걷게 될 거야. 위인전에 이름 올릴 만한 자리까지 갈 수도 있어. 그 전까지만 잘 버텨 봐."

나는 울상이 돼서 툴툴거렸다.

"다 늙어서 꽃길 걸으면 뭐해요."

아저씨가 갑자기 고개를 뒤로 젖히고 큰소리로 웃었다.

"아가씨, 내가 지금 50대야. 경험자로써 이야기하는데 세월은 금방이야. 그리고 인생은 40부터야. 이때부터 기반 잡아 중년에 탄탄한 성공 이루는 게 제일 안정적이야. 초년에 너무 빨리 성공해도 자만해서 이후에 망하는 수가 있거든. 46세부터 말년까지 쭉 꽃길이라면 최고 아닌가?"

"그래도 지금 너무 힘들단 말예요. 1년도 더 못 버틸 거 같은데."

"사실 인생은 각자가 견딜 만큼의 고통만 줘. 아가씨에게 견딜 만한 내공이 있으니 그만 한 걸 줬겠지. 고통이 심해서 죽겠다 싶을 땐 이렇게 생각해. '죽다 살아나면 이제 웃을 일만 있을 거야'라고."

세상엔 친절한 어른들이 많았다. 그 어른들은 내 인생의 고비마다 나를 우연찮게 도와주었다. 그리고 그분들은 인생의 진리를 하나같이 알고 있었다.

인생엔 죽을 만큼의 고비가 있어도 그 뒤엔 웃을 날이 반드시 온다는 것.

고마워 자존감

4

말은
씨가 된다

말은 씨가 된다. 정말이다. 경험을 해본 사람들은 다 알 것이다.

아주 어릴 때 나의 꿈은 대통령이었다. 대통령이 돈을 제일 많이 버는 직업인 것 같았다. 대통령이 되어 한 달에 100만 원씩 벌어서 엄마가 좋아하는 껌을 100통씩 사줄 수 있다면 날아갈 듯 기쁠 것 같았다. 그 당시엔 100만 원이 엄청나게 큰돈 같았고 껌 100통을 살 수 있다는 건 엄청난 부를 상징하는 거 같았다. 하지만 이 꿈에 대해서는 단 한 번도 입 밖에 내본 적이 없었다. 왠지 시골의 고물장수 딸내미인 쪼그만 계집애가 대통령이 된다고 하면 다들 피식거리며 비웃을 거 같았기 때문이다.

"넌 커서 뭐가 되고 싶니?"

어린이들은 이런 질문을 귀찮을 정도로 많이 받는다. 좀 더 색다른 창의적인 질문을 던져주면 좋겠는데 어른들은 자신들이 못 이룬 꿈에 대한 대리만족이라도 얻고 싶은 건지 아니면 화젯거리가 없어서인지 툭하면 꿈을 물었다.

"아저씨가 알 것 없어욧!"

모범생으로 칭찬이 자자했던 내가 이런 버릇없는 대답을 할 수는 없지 않은가. 그렇다고 곧이곧대로 대통령이 되고 싶으니 훗날 한 표 찍어달라고 진지하게 부탁할 수도 없었다. 어른들이 듣고 납득할 만한 어린이다운, 아니 정확히는 여자 어린이다운 답변이 필요했다.

나는 모범생답게 책읽기를 즐겼다. 그림동화로 시작한 책읽기는 어른들의 칭찬과 인정에 힘입어 점점 더 글자 수가 많고 두꺼운 책으로 옮기게 되었다. 고물장수였던 아버지는 고철을 주로 상대했지만 가끔 책과 종이류도 받아오시곤 했다. 어느 날은 흑백사진과 깨알 같은 글씨로 가득한 세계 위인전집을 한가득 얻어 와 창고에 쌓아두셨다. 종이류는 고철에 비해 돈이 안 되었기 때문에 무게가 어느 정도 나갈 때까지 모아두었다가 한 번에 팔곤 하셨다. 그래서 그 종이 냄새 쾨쾨한 위인전집은 꽤 오랜 기간 우리 집 고물 창고에서 터줏대감 노릇을 했다.

여름방학이 되면 동네 아이들은 들로 산으로 뛰어 다니느라 정신이 없었다. 하지만 동네 모범생으로 인증 받은 나는 고고한 학처럼 품위를 지키며 책을 읽는 독서소녀의 길을 꿋꿋이 걸었다. 긴 방학기간 동안 종일 책을 읽어대다 보면 동화책들은 붕어빵처럼 닮아서 결말이 뻔히 보였다. 그래서 눈을 돌린 곳이 창고 그늘에서 깊이 잠들어 있던 위인전집이었다. 언니는 저런 책은 중고등학생 언니 오빠 들이나 읽는 거라 초등학생인 나에겐 무리라며 권하지 않았다. 그 말에 더 자극을 받아 보란 듯이 언니 앞에 펴두고 위인전 읽기에 전념했다. 위인전집은 정말 색다른 세계였다. 그것은 동화 속 상상의 이야기가 아니라 사실이었다.

간디, 에디슨, 마더 테레사, 마틴 루터 킹, 마리 퀴리 등등 여러 위인들의 삶에 쑥 빠져들어 한권 한권 꼭 씹어 먹으며 독파해갔다. 생소한 단어가 돌부리처럼 툭툭 튀어나와 내 독서행보를 가로막았는데 국어사전을 찾아가며 어휘의 의미를 알아가는 재미도 쏠쏠했다. 그리고 그 파란만장하고 마음을 뜨겁게 울리던 위인전집의 이야기에서 나는 드디어 발견하게 되었다. 대통령이라는 진짜 꿈 대신 어른들의 진부한 질문에 답할 수 있는 그럴 듯한 꿈을!

위인전집 내용 중에는 보지도 못하고 듣지도 못하고 말도 못하는 삼중고를 가지고도 위인반열에 당당히 오른 한 여성의 이야기가 숨어 있었다. 헬렌 켈러 여사의 이야기는 다른 어떤 위인들의 이야기보다 나의 마음을 사로잡았다. 그리고 그 여인의 옆에서 무한 인내로 그녀를 지도한 설리번 선생이 있었다. 헬렌 켈러의 손을 잡고 앉아 있는 설리번 선생의 모습을 담은 흑백사진은 마음을 울컥하게 하는 뭔가가 있었다.

'그래, 이걸로 하자!'

나는 두 여인의 흑백사진을 잘라서 책상 앞에 붙여 두었다.

이후 '너는 커서 뭐가 되고 싶니?'라는 질문을 받으면 당당하게 대답했다.

"헬렌 켈러를 가르친 설리번 선생님 같은 훌륭한 선생님이 되고 싶어요!"

그러면 다들 기특하다는 눈빛을 보내며 이런 말을 들려주었다.

"그래? 참 멋지다! 장애아 동생을 생각해서 특수학교 선생님이 되겠다니 넌 참 생각이 깊어."

어른들은 단순했다. 여자애가 대통령이 되겠다고 말하면 피식 웃지만 특수학교 선생님이나 간호사가 돼서 어려운 사람을 돕겠다고 하면 흐뭇한 미소를 보냈다. 그리고 거기서 동생 이야기는 왜 나오는지. 지적장애우인 막내 동생 민구가 대소변을 가리지 못하고 옷에 실례를 할 때면 나는 냄새가 역겨워 가까이 가지도 않았다. 천사 같은 장녀인 우리 언니가 인상 한 번 찌푸리지 않고 민구를 달래주며 깨끗하게 씻겨주곤 했는데 위인전집에서 본 나이팅게일은 분명히 우리 언니 같은 사람이었을 거라고 생각했다. 동생 똥 치워 주는 것도 꺼리는 내가 동생을 생각해서 특수교사를 꿈꾸고 있다고 자기 마음대로 연결시키는 어른들의 발언에 속으로 웃음이 났다. 어쨌든 대통령을 대신해서 그럴 듯한 답을 찾아낸 나는 초등학생 때부터 고등학생 때까지 꿈에 대

고마워 자존감

한 질문에는 '설리번 선생'으로 일관했다.

길은 하늘이 열어준다 _

그리곤 이후 IMF 외환위기의 여파로 집안에 풍랑이 닥치자 꿈은 사치가 되었다. 현실은 정말 살벌했다. 고단한 하루를 보내고 눈을 감으면 내일은 영원히 눈을 뜨지 않았으면 좋겠다는 바람만이 유일한 꿈이었다. 작은 사무실에 사무보조원으로 취업해 몇 년간 빚을 갚다가 아버지가 파산신청서에 사인을 하면서 빚잔치는 종료되었다. 그 즈음 00학번으로 나와 함께 사범대에 입학했던 동기들은 그새 학교를 마치고 임용준비에 정신이 없었다. 다시 학교에 가고 싶었다. 통장잔고는 빵원이었다. 학교에 가려면 빚을 내든지 다시 몇 년간 일하면서 목돈을 마련해야 했다. 진저리가 났다.

하루는 안동 쪽 거래처의 홈페이지를 찾다가 잘못 클릭하는 바람에 안동의 한 대학 홈페이지에 접속하게 되었다(나는 이게 실수라고만은 생각지 않는다.). 메인페이지 한가운데 '언어교정과(언어치료학과) 입학생 모집'이라는 타이틀이 눈에 띄었다. 생전 처음 들어보는 학과 이름이었다. 궁금증에 들어가 보았는데 수능을 치지 않고 직장인 전형으로 지원할 수 있는 방법이 안내되어 있었다. 알 수 없는 이끌림에 따라 다음날 바로 지원 서류를 보냈다. 얼마 후 합격연락이 왔다. 나는 경제적인 여건이 허락지 못해서 등록할 수 없다고 담백하게 대답했다. 놀랍게도 그 학과 학과장님께 직접 연락이 왔고 한번 찾아오라고 말씀하셨다. 학과장님을 만났다. 내 사연을 들으신 학과장님은 이렇게 말씀하셨다.

"하려고 마음만 먹으면 방법은 하늘이 열어줘요."

학교가 가톨릭 재단이라 학생들의 편의를 봐주며 여러 가지 후원제도가 마련되어 있으니 도전해보라고 하셨다. 뭔가 얼떨떨했지만 나도 모르게 알겠다고 대답했다. 학과장님은 대학 입학금을 지원해주시고 지역 로터리클럽 후원회와 연결시켜 주셨다. 상위권 성적만 유지하면 매달 일정금액을 후원받을 수 있었다. 가정형편이 어려운 학생들이 기숙사보다도 더 저렴한 가격으로 지낼 수 있는 별개의 자취생 숙소도 연결해 주셨다. 내가 다시 학교에 간다고 하자 막 직장 생활을 시작한 친구들과 직장 상사들, 거래처 사장님들이 용돈으로 쓰라며 몰래 목돈을 쥐어주셨다. 며칠 사이에 반 년 치 생활비까지 마련됐다. 정말이지 하늘이 이 길로 가라고 길을 터주는 느낌이었다. 나한테 등 돌리고 매를 후려치던 인생이 숨통을 틔어 주는 것 같았다. 이상하고도 신기한 나날이었다.

우연의 연속 같은 도움의 손길에 힘입어 감사하게 학교를 졸업할 수 있었다. 졸업 후 이력서를 넣은 곳마다 합격통지가 날아와서 원하는 곳을 골라 언어치료사로서의 새로운 삶을 시작했다. 어느덧 언어치료사 12년차가 된 나에게 휠체어에 기대앉은 뇌병변 아동인 C가 물었다.

고마워 자존감

"선생님은 어렸을 때 꿈이 뭐였어요?"

"음, 진짜 꿈은 대통령이었고 입으로 내뱉은 꿈은 지금 하는 일과 매우 흡사했어."

"근데 왜 대통령이 못 됐어요?"

"음, 한 번도 말로 내뱉어본 적이 없어서 그런 것 같아. 인생은 반복해서 말한 것을 기억했다가 신기하게 이루어주더라."

말은 씨가 된다. 마음은 대통령이 되고 싶었는데 '설리번 선생'이 되고 싶다고 수없이 내뱉었더니 장애아동에게 말을 가르치는 언어치료사가 되어 있었다.

'아, 이럴 줄 알았으면 에이브러햄 링컨 사진을 붙여두고 대통령이 되겠다고 말할걸!'

5

위대한
자존감 롤모델

김용 총재는 아시아인 최초로 미국 아이비리그대학인 다트머스대 총
장을 역임하고 세계은행 총재가 된 인물이다. 그의 어머니 전옥숙 박
사는 경기여고를 졸업하고 미국으로 건너가 유교철학 사상가 주희에
대한 연구로 박사학위를 받았다. 김 총재는 인터뷰에서 '어머니의 가
정교육이 오늘의 나를 만들었다.'고 밝혔다. 김용 총재 어머니의 가정
교육은 철저히 인성교육을 토대로 이뤄졌다고 한다. 많은 어머니들이
그 교육방법을 궁금해했다. 교육법을 책으로 써달라는 주위의 요청에
김 총재의 어머니는 이렇게 답했다고 한다.

"사람들이 나보고 '슈퍼맘'이라며 교육법 책을 내라고 한다. 하지만

고마워 자존감

이 시대의 진짜 슈퍼맘은 아프리카처럼 아무것도 없는 척박한 환경에서도 건강하고 사람답게 아이들을 키워내는 어머니들이다. 이런 분들의 존재를 주목해야 한다."

나에게는 두 분의 어머니가 계시다. 나를 낳아주신 친어머니와 나를 키워 준 우리 영옥 씨다. 나는 10살 때 김영옥 여사를 처음 만났다. 아주 작은 키에 까무잡잡한 피부를 소유한 그녀는, 예쁘다고는 할 수 없는 외모의 소유자였다. 허물없이 나를 보고 소탈하게 웃던 영옥 씨는 나의 새엄마가 되었다.

아빠가 언니와 나에게 조심스럽게 새엄마가 있으면 어떻겠냐고 물었을 때 기분이 썩 좋진 않았다. 내가 읽은 동화책 속에서 새엄마는 늘 악역이었다. 신데렐라도 백설공주도 장화홍련이도 새엄마 때문에 모진 고생을 겪는 걸 읽어 온 나는 아빠를 뜯어 말리고 싶었다. 현실에서는 구해줄 왕자도 없지 않은가. 본마음은 싫다고 외치고 싶었지만 언니와 나는 괜찮다고 수긍했다. 언젠가 텔레비전 드라마 속에서 자식들을 위해 재혼하지 않고 혼자 쓸쓸하게 늙어가는 홀아비 이야기를 본 적이 있었다. 저 모습이 우리 아빠의 미래가 되어서는 안 된다고 생각했다.

영옥 씨는 두 명의 남동생을 데리고 왔다. 대가족이 되어버린 가정 살림을 꾸리기 위해 영옥 씨는 맞벌이를 했다. 영옥 씨는 음식 솜씨가 일품이었다. 병원 식당일이나 큰 음식점 부엌일을 주로 했다. 영옥 씨는 어릴 때 집안형편이 어려워서 초등학교도 졸업을 못 했다고 한다.

글씨도 틀리게 읽거나 맞춤법에 어긋나게 쓰는 일이 빈번했다. 나와 동생의 성적표에 부모 의견을 적는 칸이 있었는데 늘 내가 대신 적었다. 영옥 씨는 식당일을 하느라 새벽에 나가 저녁 늦게 들어오는 때가 많았지만 집안일을 언니와 나에게 시키지 않았다. 우리가 소매를 걷어 붙이고 돕겠다고 나서는 때에도 그냥 놔두고 공부나 하라며 만류했다. 덕분에 나는 서른이 훌쩍 넘도록 김장이나 명절 부침개 한번 내 손으로 해본 적이 없었다.

나의 손등은 아주 어릴 때부터 투박하고 거칠었다. 초등학교 학기 초에 가족관계 조사를 하고 나면 담임선생님들은 늘 새엄마가 있는 나를 따로 불렀다. 내 손을 보고 혹시나 새엄마가 집안일을 과하게 시키거나 구박하는 일이 없는지 조심스레 묻곤 했다. 나는 정색을 하고 전혀 그런 일 없으며 아주 편하게 지낸다고 침을 튀겼지만 선생님들은 미심쩍은 눈빛을 거두지 않았다. 동화 속 악역 전문이었던 새엄마들 때문에 현실의 새엄마들까지 오해받는 일이 자주 벌어져 나중에는 천사표 새엄마 이야기로 동화를 써야겠다고 생각했을 정도였다.

아버지를 일찍 여의고 가정 형편이 어려워 초등학교 졸업장도 못 받은 영옥 씨, 시집살이를 하다 장애 아이를 낳고 우여곡절 끝에 딸 둘 달린 홀아비 고물장수와 재혼한 영옥 씨, 자그마한 키에 외모도 볼품없는 영옥 씨, 받침이 어려운 글씨는 제대로 못 쓰고 못 읽는 영옥 씨, 평생 식당일을 하며 제대로 쉴 틈도 가져 보지 못한 영옥 씨…… 가난에 찌들고 환경에 위축되어 소심하고 주눅 들었을 법한 여인을 떠올린다면 큰 오산이다.

영옥 씨는 이 모든 초라한 이력에도 불구하고 쪼잔하지도 비굴하지도 비열하지도 않은 크고 넓은 마음을 소유한 특출난 대인배였다.

세상에서 가장 우아한 여인 _

영옥 씨는 아이처럼 깔깔거리며 자주 웃었다. 힘들다고 푸념하거나 처지를 비관하거나 누군가를 원망하지 않았다. 그렇다고 온갖 어려움을 속으로 꾹꾹 담아두고 혼자 삭이지도 않았다. 악의를 호의로 돌려주고 손해를 봐도 허허 웃으며 넘어가주고 유머와 애교로 모든 갈등 상황을 부드럽게 넘겨버렸다. 동네사람, 직장사람, 친척, 가족 모두 영옥 씨를 좋아했다. 영옥 씨는 적이 없었다. 바보같이 털털하고 순박하면서도 센스와 지혜가 넘쳤으니 매력만점이었다.

내가 고등학생 때인가 영옥 씨는 남포동 골목에서 포장마차 우동 장사를 한 적이 있었다. 늦은 밤 술 마시고 나오는 취객들을 상대로 우동이나 김밥, 오뎅 종류를 팔았는데 진상 손님들이 종종 있었다. 술이 거나하게 취해서 돈도 안 내고 가려는 작자들이나 지저분한 욕설을 내뱉는 상종하기 싫은 사람들도 있었다. 심지어 동네 깡패가 협박조로 시비를 걸기도 했다. 영옥 씨는 어떤 상황에서도 화내거나 당황하거나 위축되는 일이 없었다. 늘 웃으며 장난스런 애교로 상황을 넘겨버렸다.

"오빠야들, 오늘은 내가 서비스로 그냥 준다. 다음에 손님 많이 데려 오이소."

영옥 씨는 불이익을 당했을 때 무조건 참거나 속으로 삭이거나 피해자를 자처하며 우울해 하지 않았다. 우악스럽게 따지고 화내고 덤벼들어 자신의 이익을 지키려 하지도 않았다. 그저 씨익 웃었다. 그리고는 별일 아니라는 듯 위트 있는 유머와 재치로 상대를 되려 웃게 만들었다. 그리고는 일부러 져주거나 일부러 모른 척 해주는 태도를 취했다. 그러면 모두 결국엔 영옥 씨의 친구가 되었다. 당당하고 애교스런 이 센스 있는 조그마한 영옥 씨에게 모두 반할 수밖에 없었다. 나는 유머러스한 재능으로 뭇 여인들에게 꽤 인기가 많았던 아빠가 별로 예쁘지 않은 영옥 씨를 재혼 상대로 선택했을 때 좀 의아했었다. 그러나 몇 년을 함께 살고 난 후에는 아빠의 안목에 감탄할 수밖에 없었다.

당신이 경제적으로 풍족하고 좋은 학교를 나오고 예쁜 외모까지 가지고 있다면 당신은 고개 숙일 일이 없을 것이다. 나이 들어 좋은 직장을 가진 남편을 만나 결혼하고 똑똑한 아이들을 낳아 안정적인 가정을 꾸렸다면 더더욱 자신감이 넘칠 것이다. 당신은 매사에 행복감을 느끼며 주변에 친절과 배려를 나누는 여유를 보일 수도 있다. 세상은 아름다워 보이고 스스로도 가치 있는 사람으로 느껴질 것이다. 당신은, 긍정성과 당당함과 여유로움을 골고루 갖추어 주변 사람들에게도 인정받는 참 괜찮은 사람으로 살아갈 것이다.

고마워 자존감

하지만 가정 형편이 어려워 초등학교도 나오지 못하고 외모도 평균 이하라면? 가난한 집에 시집가서 장애아를 낳아 구박을 받았다면? 딸이 둘이나 달린 고물장수와 재혼했다면? 남편의 건강악화와 파산으로 몇 년씩이나 혼자 힘으로 살림과 맞벌이를 병행했어야 한다면? 이런 상황 속에서도 당신은 긍정성과 당당함과 여유로움을 갖춘 참 괜찮은 사람이 될 수 있었을까? 세상을 원망하거나 불평불만하지 않고 난감한 상황에서도 씨익 웃으며 위트로 대처할 수 있었을까? 자기 자신을 초라하게 여기지 않고 스스로를 존중할 수 있었을까? 자기 이익을 어떻게든 부여잡으려고 우악스럽게 사나워지지 않고 부드러움과 자상함을 유지할 수 있었을까? 어려운 정도가 아니라 거의 불가능했을 것이다.

그래서 나는 우리 영옥 씨를 우러러본다. 산전수전 공중전을 다 겪고도 밝고 맑은 순수함을 유지할 수 있는 영옥 씨의 내공은 단연 존경받을 만하다. 이런 대단한 위력을 가진 여인이 나의 새엄마라는 것이 너무나 감사하고 자랑스럽다. 진정 다시 태어나더라도 이 위대한 영옥 씨가 나의 어머니이길 기도한다.

'우아하다. 고상하다. 품위 있다.'

나는 이 어휘들이 우리 영옥 씨 같은 여성에게 어울리는 단어라고 믿는다. 당신이 나의 새엄마인 영옥 씨와 1년 정도 지내보면 당신은 진짜 우아하고 품위 있는 것이 무엇인지 새로 알게 될 것이다. 겉모습이 아니라 옷깃 속에 감춰진 성품의 고상함이 무엇인지 다시 배우게 될 것이다. 어수룩하고 푼수 같아 보이는 그 모습조차 타인에게 편안함을 주기 위한 배려라는 것을 알게 되면 깜짝 놀라게 될 것이다. 바보 같아 보이는 외면 뒤에 높은 자존감을 가지고 모든 것을 살펴주는 영옥 씨의 지혜와 마주하게 되면 당신도 나처럼 영옥 씨를 우러러볼 수밖에 없을 것이다.

이런 영옥 씨와 함께 살며 내가 무엇을 배웠겠는가? 나는 어떤 상황에서도 씨익 웃을 수 있는 엄청난 내공을 배웠다. 이런 위대한 여인과 가족으로 묶일 수 있었던 건 정말 행운이었다.

위대한 슈퍼맘! 우리 엄마 영옥 씨! 늘 고맙고 사랑합니다!

6

솔직하면
속 시원하다

"야하고 내하고 너무 말을 안 들어서 야 엄마가 속상해서 죽어뻐릿
지요. 아 그때 많이 놀랐어요."

또 시작이다. 그만 좀 얘기해도 될 것을.

고물장수 채 씨인 나의 아빠는 생전 처음 본 식당주인을 앞혀두고
자살한 아내 이야기를 스스럼없이 털어놓을 수 있는 사람이었다. 아
빠의 입담에서는 언제나 날 것 그대로의 생생함이 풀풀 풍겼다. 사람
들은 아빠의 숨김없는 이야기를 좋아하고 재미있어 했다. 세상의 어떤
비극적 사연이라도 아빠라는 통역기를 거치면 감출 게 없는 즐거움으
로 변했다.

아빠는 겉과 속이 똑같은 사람이었다. 아빠는 남들이라면 부끄럽고 수치스러워서 자물쇠를 채워야 할 이야기도 속 좋은 사람처럼 웃으며 술술 풀어갔다. 친엄마를 만나기 이전에 사귀었던 여자가 돈을 들고 도망간 이야기나 젊은 시절 아는 형님의 돈을 떼먹고 야반도주한 이야기는 귀에 딱지가 앉을 정도로 들은 터였다.

아빠가 용달차에 고물을 싣고 멀리 다녀올 때면 종종 동석을 하곤 했는데 아빠의 이야기보따리에서는 끊임없이 재미와 유쾌의 보물이 흘러나왔다. 고물을 팔고 목돈을 쥐고 돌아오는 길에는 단골집에 들러 돼지국밥을 사주시곤 했다. 식당에 들어가는 순간부터 식당 손님들은 모두 아빠의 친구가 되었다. 처음 본 게 맞는지 싶게 아빠는 건너 테이블에서 한 술 뜨는 어느 아저씨를 붙잡고 이야기 한 사발을 대접했다. 만난 지 10분도 채 안 되어 사람들은 자기 손바닥 들여다보듯 우리 집안의 형편을 훤히 알게 되는 게 일상다반사였다. 아빠는 아내가 자살한 것과 재혼을 통해 장애아들을 얻은 것까지 구구절절 자세히도 늘어놓았다. 처음엔 인상을 찌푸리며 그만 이야기하라고 경고의 눈빛을 보내던 나도 아빠의 입담에 빨려 들어가곤 했다.

그런데 아빠의 이야기는 묘한 점이 있었다. 서글프거나 비참하거나 고통스런 사건도 아빠의 입을 거치면 재미있는 이야기로 둔갑했다. 아빠의 이야기를 들은 사람들은 자신들의 말 못할 사연도 덩달아 꺼내놓곤 했는데 내용과 상관없이 분위기는 언제나 화기애애했다. 부인이 바람나서 도망간 사연, 홀어머니가 치매에 걸려 욕쟁이가 된 사연, 탈

북 후 받은 지원금을 홀랑 사기 당한 사연, 아들이 오토바이를 훔쳐서 감옥에 들어가 있는 사연 등등 키 작은 아저씨나 덩치 큰 아주머니의 입에서 흘러나오는 사연들이 어찌나 천차만별인지! 초등학생인 나도 듣고 있으면 마음 한 구석이 무거워지는데 아빠는 허허 웃으며 이야기를 나눴다.

아빠에게는 그런 힘이 있었다. 분위기를 심각하지 않게 만드는 힘, 사람이 솔직해지게 만드는 힘, 어떤 극한 상황에서도 웃게 만들어 버리는 힘. 고물장수 채 씨는 참으로 천진난만한 익살꾼이었다.

'하기 싫으면 안 해도 괜찮아'의 힘 _

나는 한때 아빠의 처신이 너무 철없어 보여서 홀로 걱정 삼매경에 빠진 적도 있었다. 사춘기가 온 중학생 때쯤엔 아빠를 앉혀놓고 가슴을 치며 이렇게 말한 적도 있다.

"아빠 좀 진지해져 봐. 심각하게 미래를 고민하면서 계획적으로 살아야 할 거 아냐? 다른 집 아빠들은 진지한데 아빠는 왜 그래?"

"아이고, 고민 많이 하면 머리만 아프지. 진지한 게 밥 먹여주나. 계획 세워도 계획대로 안되는 게 인생이다. 매일 매일이 즐거우면 됐지. 너무 생각 많이 하면 탈모 와서 대머리 된다."

내가 입을 삐죽거리며 째려보면 아빠는 사나운 여자는 좋은 남자

못 만난다며 농담 한마디 던지고 사라졌다. 아빠는 인생을 너무 쉽게 생각하고 건성으로 사는 것 같아 보였다. 악착같이 아득바득, 이런 단어와는 거리가 멀었다. 닐리리야 니나노, 이런 음률이 몸을 찾아 기어들어간 게 아빠가 아닐까 싶었다.

장마철에 빗줄기가 굵어지거나 태풍이 불거나 겨울철에 눈이 펑펑 그으면 아빠는 수시로 이렇게 말했다.

"이런 날은 학교 가기 싫겠다. 학교 가기 싫으면 가지 마라."

내가 어려운 숙제를 붙잡고 끙끙거리며 머리를 싸매고 있으면 또 이렇게 말했다.

"그냥 자라. 선생님한텐 아빠가 숙제 안 해도 된다고 해서 안 했다고 말해."

달리기를 너무 못해서 늘 꼴지를 했던 내가 운동회 전날 극심한 스트레스로 고민하고 있으면 이렇게 말했다.

"선생님한테 배가 심하게 아파서 병원 갔다고 전화해 줄까? 그럼 운동회 안 가도 되잖아?"

나는 비바람이 불어도 악착같이 학교에 갔다. 숙제도 꼬박꼬박 다했다. 초등학교 6년 내내 달리기 꼴등을 피할 길 없었지만 운동회도 다 참석했다. 아빠가 시키는 대로 했다가는 말년이 불행해질 거 같아서 '안 해도 된다'고 할수록 더 열심히 했다. 아빠의 '하기 싫으면 안 해도 괜찮아' 교육법은 상당한 효과가 있었다. 나는 초중고대학 모든 기간 동안 상위권을 놓치지 않았다. 그것도 자발적으로. 심지어 집에 빚이 쌓여서 내가 사범대를 자퇴하고 사무실에 취직해 빚을 갚아 나갈 때도 아빠는 이렇게 말했다.

"니까지 고생 안 해도 된다. 니 하고 싶은 거 찾아서 니 길 가라."

우리를 무한 신뢰한 아빠 _

아빠는 우리에게 자유를 주었다. 선택의 자유. 그 뒤에는 무한 신뢰가 있었다. 우리 애들은 알아서 잘할 거라는 신뢰. 작은 일부터 큰일까지 우리 뜻에 맡기고 어떤 선택을 하든지 그저 응원하며 지켜봐주셨다. 그래서 우리는 더 엇나갈 수 없었다. 내가 동네 아저씨와 심각하게 말다툼을 하고 들어왔을 때도 아빠는 사정도 들어보지 않고 내 편을 들었다. 내가 어른한테 대들 정도면 상대 아저씨가 얼마나 크게 잘못했겠느냐는 거였다. 그 아저씨 멱살을 잡고 따져보겠다고 해서 오히려 내가 말려야 할 정도였다. 아빠는 인생의 중요한 선택들에 있어서 우리가 선택한 사항에 대해 이유도 묻지 않고 늘 박수를 쳐주셨다. 결과가 좋지 않을 때도 큰 거 배웠겠네 하면서 가볍게 웃어 넘기셨다. 언니가 이른 나이에 시작한 결혼에 종지부를 찍고 뜬금없이 이혼했다며 돌아왔을 때도 아빠는 언니에게 잘했다고 했다. 최선의 선택이었을 테니 괜찮다는 얘기였다. 구구절절한 내용도 굳이 묻지 않으셨다.

우리는 모든 집의 아빠들이 자녀를 이렇게 신뢰하는 줄 알았다. 하지만 나이가 들면서 우리는 이 정도의 신뢰를 주는 부모들이 흔하지는 않다는 사실을 알게 되었다. 경제적인 지원은 풍족하지만 모든 것을 간섭하고 지시하는 부모, 작은 실수에도 질책하여 주눅 들게 하는 부모, 공부 잘하는 아이 이야기를 꺼내 스트레스를 주는 부모, 하나부터 열까지 애기 취급하며 모든 걸 대신해주는 부모 등등 너무나 많은 부모들이 자신의 자녀가 알아서 잘해낼 수 있는 존재라는 걸 믿어주지 않고 있었다. 부모의 기대에 스트레스 받으며 부모의 눈치를 보던 친구들은 고물장수 채 씨를 아빠로 둔 나를 부러워하기도 했다. 초등학교도 못 나온 고물장수 채 씨는 대체 어디서 누구에게 배웠는지 자녀를 진심으로 믿어주고 제대로 사랑하는 법을 아는 아빠였다.

자신의 결점이나 실수를 허허 웃으며 굳이 감추지 않고 약자를 대변하고 강자에게 할 말 다하는 당당한 자존감 높은 사람이 우리 아빠였다. 아빠는, 매사 심각하고 진지하고 늘 미래를 걱정하며 계획하느라 경직되어 있는 엘리트들보다 존경받아 마땅한 사람이었다. 대부분의 어른들은 너무 걱정이 많아 탈이다. 아직 벌어지지도 않은 일, 자신이 손쓸 수 없는 불안 요소를 찾아내 염려하는 데 에너지를 다 쓰는 것 같았다. 가식도 없고 자격지심도 없고 있는 모습 그대로 꾸밈없이 모든 것을 드러내고 매일 매일 현재에서 웃음거리를 찾아내는 아빠 같은 어른은 많지 않았다. 아빠는 인생을 즐길 줄 아는 사람이었다. 아니 현재를 즐길 줄 아는 사람이었다.

아버지의 유산 _

아빠는 지적장애우인 막내 동생 민구를 '효자 복덩이'라고 부르며 아주 귀여워했다. 안쓰러운 마음에 그랬던 것이 아님을 나는 안다. 민구의 존재 자체를 순수하게 좋아하고 예뻐하셨다. 돌아가시기 전날까지도 매일 부둥켜안고 뽀뽀하고 유치하게 장난을 치셨으니 둘의 깊은 사랑에 새엄마가 질투를 할 만도 했다. 아빠는 우리 사남매 중 민구를 제일 좋아했다. 민구도 아빠를 제일 좋아했다. 핏줄은 아니었지만 둘은 마음의 끈으로 단단하게 엮여 있었다. 천진난만함, 유쾌함, 긍정성이 똑 닮은 두 사람이었다.

아빠는 일흔이 되었을 때 영정사진을 미리 찍어두셨다. 사진이 칙칙하고 어둡다고 다시 가서 찍기를 세 번이나 하고서야 밝고 화사한 사진을 들고 만족해하셨다.

"내가 죽거든 시커먼 상복 입고 대성통곡 같은 거 하지 마라. 내는 원없이 해보고 싶은 거 다해 보고 재미있게 살았응게 가는 날 축하해줘야지. 고깔모자 쓰고 피리 불면서 파티를 열어라. 언니하고 너는 드레스 입고 춤도 추고 해라. 알긋나?"

아빠는 나에게 이런 이야기를 종종 하셨다. 그럴 때마다 나는 쌍나팔 불면서 축하해줄 테니 걱정 말라고 대꾸했다.

일흔둘에 뇌졸중으로 아빠가 갑자기 돌아가셨을 때 사실 나는 크게 놀라지 않았다. 아빠와 이별 인사를 미리 수도 없이 해뒀기 때문이었다. 하지만 쌍나팔을 불면서 춤을 추지는 못했다. 아빠의 장례식장에는 수많은 사람들이 몰려와서 대성통곡을 했다. 문상객의 행렬은 끝이 없었다.

"아이고, 이 재미있는 양반 없으면 이제 우리는 무슨 재미로 사노."

아빠와 친했던 어른들은 하나같이 이렇게 이야기했다. 돌아가신 본인이야 재미있게 살아 원이 없을지 몰라도 살아남은 자신들이 아쉽다는 것이었다. 아빠는 죽어서까지 인기가 많았다.

아빠의 인생이 정말 재미있는 인생이었을까? 다른 사람들이 아빠의 자리에서 살았다면 눈물 마를 날이 없었을 것이다. 아빠였기 때문에 눈물의 대하드라마가 코미디 시트콤으로 바꾸어 유쾌하게 웃을 수 있었던 게 아닐까?

우리는 아빠에게 어떤 인생 대본을 받든 코미디 시트콤으로 각색할 수 있는 재능을 유산으로 물려받았다. 100억을 준다 해도 결코 바꿀 수 없는 선물, 달리 말해 백 가지 죽어야 할 이유 대신 한 가지 살아야 할 이유가 되어준 고마운 선물이다.

고마워 자존감

3장

자존감 여왕의
빛나는 비결

돈을 많이 버는 기술, 예뻐지는 기술, 초고속 승진 기술은 내가 알려 줄 수 없다. 내가 알려 줄 수 있는 기술은 '그럼에도 불구하고' 나 자신을 소중하게 생각하고 존중해주고 사랑할 수 있는 기술이다. 나는 이것을 기술이라고 부르고 싶다. 누구나 배우고 연습하면 습득 가능한 것이기 때문이다.

만약 당신의 자아가 당신에게 친구 역할을 한다면 모든 사람들이 의심할 때에도 자기 자신을 신뢰하는 환경을 만들 수 있다. 하지만 당신이 자신의 적이 된다면 자신을 절망의 심연으로 몰아넣을 수도 있다.

_ 행복을 부르는 자기 대화법, 파멜라 버틀러, p6

1

'긍정적 셀프 토크'의 힘

언어치료사라는 직업명 때문인지 나에게 말을 잘하기 위한 노하우를 묻는 사람들이 많다. 나는 고민 없이 답한다.

"자기 자신과 소통을 잘하는 사람이 타인과도 소통을 잘하죠."

그러면 어김없이 '자신과 소통한다'는 게 무슨 뜻이냐는 질문이 이어진다. 여기엔 좀 고민 후 답이 나온다.

"소통의 달인이라는 말은, 말을 잘한다는 의미보다 상대를 편안하게 만들어준다는 의미가 있습니다. 보세요. 내 이야기를 집중해서 잘 들어주거나 내 감정에 깊이 공감해주며 비난하기보다 위로해 주는 상대, 지시하고 판단하기보다 칭찬하고 격려해주는 상대, 때로는 나도 모르는 내 속마음까지 읽어서 대변해주며 내 편을 들어주고 나를 믿어 주는 사람을 보면 하염없이 속내를 털어놓고 싶어지잖아요?"

질문자는 고개를 끄덕인다.

"만일 우리가 이와 같은 사람이 되고 싶다면, 내가 먼저 나 자신에게 편안한 말상대가 되어주어야 해요."

조금 달리 표현하면 이렇다.

"먼저 나를 사랑할 수 있어야 남도 사랑할 수 있다."

스스로 인식하지 못할 뿐 사람들은 자기 자신과 끊임없이 대화를 나눈다. 자기와 주고받는 대화를 '셀프 토크(self talk)'라고 부르는데 똑같은 상황에서도 셀프 토크의 내용은 달라진다.

상황 ❶ 늘 1등을 독차지하던 학생이 어느 날 3등으로 추락했다.

A : 바보, 머저리, 죽어버려. 이런 등수를 받고 어떻게 고개를 들고
　　 다녀.

B : 너무 속상하지? 정말 노력했는데 기운이 다 빠지겠다. 내가 누구
　　 보다 노력했다는 건 나 스스로 잘 알고 있으니까. 결과는 아쉽지
　　 만 어쩔 수 없지. 다시 힘내서 열심히 해보자.

상황 ❷ 직장에서 실수를 저질러 상사에게 꾸중을 들었다.

A : 내가 이렇지 뭐. 제대로 하는 게 하나도 없으니. 동료들이 뒤에서
　　 얼마나 비웃을까?

B : 괜찮아. 살다보면 누구나 실수하는 걸. 꾸중도 좀 들을 수 있지. 다음엔 잘할 수 있을 거야.

상황 ❸ 오래 사귀던 연인이 헤어지자고 했다.

A : 역시, 나 같은 걸 좋아해주는 게 이상했어. 앞으로 다시는 나 같은 여자를 좋아해 줄 남자는 없을 거야.

B : 최선을 다해 사랑했지만 여기까지라면 어쩔 수 없지. 너무 슬프고 가슴 아프지만 나도 할 만큼 했어. 다음엔 더 멋지고 성숙한 사랑을 하자. 나에게 맞는 사랑이 분명이 다시 올 거야.

A와 B 중에서 어느 쪽이 더 용감하게 위기를 극복하고 성공적인 방향으로 삶을 이끌어갈 것 같은가? 당연히 B다. 절대 다수의 사람들이 B와 같이 셀프 토크를 하는 것이 옳다고 생각할 것이다. 그러나 우리 대다수는 A와 같은 셀프 토크에 익숙해져 있다. 상처받은 자신을 한 번 더 비난하고 질책하고 위축시키는 말을 스스로 뱉는다.

내가 어떤 식으로 셀프 토크를 하는지 잘 모르겠다면 '셀프 토크 적어보기'가 도움이 된다. 어려운 순간에 닥쳤을 때 스스로에게 어떤 말을 던졌는지 쭉 적어본다. 또는 일주일 동안 일어났던 일을 떠올려보고 순간마다 자기 자신에게 어떤 말을 했는지 적어본다.

　　　　　　　　　　　　　　　　　　고마워 자존감

끊임없이 반복되는 내면의 질책, '이렇게밖에 못해?' _

자기 분야에서 전문가로 인정받고 승승장구하고 있는 C에게 셀프 토크 적어보기 숙제를 내준 적이 있다. 늘 자신감 넘치던 그녀는 자신이 적은 셀프 토크 내용을 보고 깜짝 놀랐다. 무심결에 스스로에게 가장 많이 던지던 말이 '이렇게밖에 못해?'였다. C는 당혹스러워했다. 그 말은 어릴 때 친할머니가 자신에게 자주 했던 말로, 그녀가 가장 듣기 싫어했던 말이었다. 그렇게 듣기 싫어했던 말을 내가 수시로 내뱉고 있다니! 아들을 바랐던 집안에 셋째 딸로 태어난 C는 아무리 노력해도 할머니의 칭찬을 받을 수 없었다.

"이렇게밖에 못해? 계집애가 하는 게 그렇지 뭐."

할머니는 늘 트집을 잡아 그녀를 주눅 들게 했다. 거래처와의 협상을 성공적으로 이끌어도, 고객에게 함박웃음을 짓게 해도, 박수소리와 함께 프로젝트 발표를 끝내도 그녀의 마음은 늘 '이렇게밖에 못해?'라고 외치고 있었다. 그 내면의 소리는 그녀를 채찍질하며 잠시도 쉬지 못하도록 만들었다. 겉으론 당차 보이는 C였지만 내면의 거대한 압박감에 자신을 한계상황까지 밀어 붙이고 있었고 그로 인해 위염과 불면증에 시달리고 있었다. 마음속에서 24시간 감시하는 그 목소리 때문에 그녀는 단 하루도 긴장을 늦출 수 없었다.

셀프 토크의 근원은 어릴 때 부모나 가족 등 주 양육자로부터 자주 들은 말들이 무의식에 녹음되어 재생되는 경우가 많다. 부모로부터 위로와 격려, 응원의 말을 자주 들은 사람은 위기의 순간 자기 자신에게 위로와 격려의 말을 던지는 경향이 높다. 반면 부모로부터 비난과 책망, 무시의 말을 자주 들은 사람은 절망의 늪에서 허우적거릴 때 스스로를 비난하고 무시하는 말을 던진다.

부정적 셀프 토크의 늪에서 걸어 나오는 방법 _

무의식에 뿌리 깊게 저장된 비극적인 셀프 토크의 대사를 바꾸는 데는 상당한 노력과 연습이 필요하다. ❶ 우선 자신이 어떤 말을 던졌는지 인식하는 데서 출발한다. ❷ 그리고 부정적 셀프 토크가 내면에 녹음될 수밖에 없었던 가정환경과 지난날의 상처들을 가슴 아파한다. 진심으로 슬퍼하고 안타까워해야 한다. ❸ 그 다음에 자기 자신에게 사과한다.

"그동안 구박해서 미안해. 너무 힘들었지. 애썼어. 이젠 내가 너의 편이 되어줄게."

자기 자신을 보듬어주면서 아껴 줄 것을 다짐한다. 모난 마음이 스르르 풀리고 안심이 될 때까지 반복해서 다짐한다. ❹ 물론 이후에도 습관처럼 비난의 말이 올라온다. 그때는 이제 그만하자고 스스로가 타이르거나 주의를 주어야 한다. 이제는 나를 칭찬하고 격려할 것이라고 내면에 알려준다.

이런 노력이 일관성 있게 지속되면 어느 순간부터는 치명적인 실수를 저질러 주변 모든 사람들이 나를 비난해도 나만큼은 '괜찮아. 너무 마음 쓰지 말자.'라고 스스로에게 이야기해줄 수 있을 만큼 힘이 커진다. 이런 셀프 토크를 통해 차츰 차츰 자존감이 높아진다.

사려 깊은 엄마가 자녀를 대하듯_

내가 알고 지내는 사람이 참 많은데 그 중에 자존감 높기로 세 손가락 안에 드는 사람이 있다. 그녀에게는 잊을 수 없는 기억이 하나 있다.

그녀가 초등학생이었을 때 언니와 오빠는 시집장가를 갈 만큼 나이 터울이 많이 졌다. 하루는 언니네 신혼집에 놀러갔다가 새 오븐을 잘못 건드리는 바람에 기계가 터지면서 불이 났다. 형부가 소화기로 불을 꺼서 큰 화는 면했지만 신혼집 부엌이 새카맣게 그을렸다. 그녀는 미안함과 죄책감으로, 또 엄마와 언니에게 혼이 날까 봐 잔뜩 얼어붙었다. 소식을 듣고 헐레벌떡 달려온 어머니는, 그러나 그녀의 몸을 살피며 침착하게 말씀하셨다.

"너 어디 안 다쳤니? 다친 곳 없으면 괜찮다. 많이 놀랐을 텐데 들어가 쉬어라."

호통은커녕 평소보다 훨씬 부드럽게 이야기하는 어머니의 태도에 그녀는 어리둥절해하며 방으로 들어갔다. 나중에 언니에게 들은 바로는 어머니가 언니와 형부에게 이렇게 이야기하더란다.

"막둥이 절대로 혼내지 마라. 제일 놀란 건 막둥이일 테니 가서 괜찮다고 해줘라. 집은 고치면 되지만 사람이 놀란 마음은 평생 갈 수 있으니 위로 잘 해줘야 한다."

집을 태워먹고도 위로와 사랑을 받은 그녀는 자신이 아파트 한 채보다 소중한 존재라는 것을 체감했다고 한다. 현재 그녀는 자신의 실수뿐 아니라 타인의 실수에도 관대한 마음 그릇이 넓은 사람으로 주변에 소문이 자자하다.

사려 깊고 자상한 엄마가 자식을 대하듯 내가 나 자신을 대할 수 있다면 셀프 토크는 성공이다. 내가 내 편이 되어 주지 못한다면 세상의 그 누가 진정한 내 편이 되어줄까?

2
속병이 안 생기는
'멘탈갑 대화법'

하고 싶은 말을 제때에 못하면 속병이 생긴다. 속이 후련하려면 말을 잘해야 한다. '사이다맨'이라는 용어가 유행이다. 시원시원하게 할 말 다하는 사람을 지칭하는 말이다. 이런 사람이 말하고 있는 걸 옆에서 듣고만 있어도 속이 시원하다. 남의 눈치가 보이거나 용기가 없어서 또는 이미지 생각하느라 차마 내뱉지 못하는 말을 가감 없이 해버리는 사람을 보면 부러움이 일어나기까지 한다. 나는 왜 저렇게 말하지 못하는 걸까? 나도 저렇게 할 말 다해보고 싶다는 생각이 올라오기도 한다.

고물장수였던 우리 아버지는 최강의 사이다맨이었다. 아버지는 말을 마음에 담아두는 법이 없었다. 생각나는 대로 즉석에서 다 쏟아냈다. 사람들은 그런 아버지를 유별나다 하면서도 아버지의 폭포수같이 시원한 말에 귀를 기울였다. 새어머니는 아버지 같은 사람은 속병이 절대 나지 않을 거라고 했다. 겉과 속이 똑같은 아버지의 말은 이해하기 쉬웠다. 다른 의도가 담겨 있는 건 아닐까 고민할 필요가 없었다. 그렇다고 아버지가 타인에게 상처 주는 막말을 했다는 것은 아니다. 자신의 감정과 의견을 타인의 눈치 보지 않고 솔직하게 표현하셨을 뿐이다. 거기에 유머가 가미되니 금상첨화였다. 아버지의 표현은 솔직하고 시원시원하고 재미있었다. 나도 사이다맨인 아버지를 닮아 마음 속 말을 숨기기보다는 정확하고 담백하게 표현하는 사람이 되었다.

그런데 사회에는 아버지같이 솔직하게 표현하는 사람이 드물었다. 속마음을 삼키고 숨기거나 돌려 말하거나 오히려 자신의 의도와 정반대로 이야기하는 경우까지 있었다. 하고 싶은 말이나 상황상 꼭 해야 할 말을 못해서 끙끙 앓고 있는 사람들이 상당히 많았다. 사람들이 아버지같이만 이야기할 수 있다면 마음의 응어리가 생기지 않을 텐데 어째서 그러지 못할까 의아했다. 초등학교밖에 나오지 못한 고물장수인 우리 아버지도 할 수 있는 것을 어째서 대학까지 졸업한 사람들이 하지 못하는 걸까? 이런 의문점을 가지고 관찰해본 결과 아버지의 말하기법은 자기 자신에게 자신감이 있는 사람만이 구사할 수 있는 수준 높은 표현법이라는 것을 알게 되었다. 아버지의 말하기는 용기와 배짱이 두둑한 멘탈이 강한 사람만이 할 수 있는 고급 스킬이었

고마워 자존감

다. 용기가 부족해서 타인의 시선이 지나치게 신경 쓰이거나 체면이 중요한 사람에게는 아버지같이 말하기가 하늘의 별따기만큼 어려운 것이다.

우리는 학교에서 수많은 공부와 발표를 해왔어도 '솔직한 말하기 방법'에 대해서는 배운 적이 없다. 가정 안에 자신의 감정과 의견을 자연스럽고 솔직하게 표현할 줄 아는 좋은 롤모델이 계셨다면 보고 배웠을 것이다. 하지만 안타깝게 표현에 인색하거나 서툴거나 소극적이거나 다혈질적인 부모 아래서 자랐다면 말로 무언가를 표현하는 것이 어렵고 불편한 사람이 되어 있을 것이다. 이런 경우에는 솔직한 말하기 방법을 배우고 연습하려는 노력을 아주 많이 해야 한다. '잘 말하기 연습'이 필요한 것이다. 어떤 분야에서든 연습은 많은 것을 가능하게 해주고 많은 성취를 이루게 한다. 하지만 이 말하기 연습은 나 자신과 주변사람들에게 행복감을 가져다 줄 수 있는 연습이다. 우리는 더 행복해지기 위해 멘탑갑의 말하기 비법을 배워야 한다. 그렇지 않으면 자신의 속은 늘 답답하고 타인은 당신의 정확한 속내를 알 수 없어 예측해야 하기 때문에 피곤해질 것이다.

이제 할 말 좀 해도 된다고 _

아주 조용하고 예의바르고 성실한 부모님 밑에서 자란 유치원 선생님

J는 말을 잘했다. 하루 동안 있었던 일이나 사회적 이슈에 대한 이야기들을 맛깔나게 들려줄 줄 아는 아가씨였다. 표정과 몸짓으로도 표현 능력이 탁월하여 J의 이야기는 늘 한 편의 드라마나 쇼 같았다.

그런 J가 유치원 일로 많은 스트레스를 받고 있었다. 직업 특성상 유치원 행사나 교사 연수 등으로 기존 근무시간 외에도 일손을 놓을 수 없었고 심지어 주말까지 할애해야 하는 경우가 흔했는데 특히 J가 심했다. 본래 성실한데다 일처리가 깔끔하니 원장 선생님이 믿고 맡기기 일쑤였다. J는 수년간 당연한 듯 감당해온 추가 근무로 피로와 불만이 쌓여 있었다. 나는 원장 선생님께 고충을 털어놓고 조율하는 게 어떻겠냐고 권했다. J는 보수적인 원장님이 자기 말을 절대로 들어 줄 리 없다며 고개를 절레절레 흔들었다.

"원장 선생님은 J가 무슨 일을 시켜도 군말 없이 완수하니까 이 사람은 이 정도는 감당할 수 있는 사람이라고 여기실 거야. 일을 더 시키면 더 시켰지 절대 먼저 줄이시지 않을 걸? J가 속마음을 정확히 말씀 드려야 상대도 알 수 있어. 사실 그동안 일이 너무 많아서 부담되고 마음이 힘들었다고 말씀 드려. 정시퇴근은 고사하고 야근도 밥 먹듯 했는데 일주일에 단 며칠만이라도 칼퇴근하고 싶다고 말씀 드려."

"안돼요. 절대로 들어주시지 않고 저를 미워하시게 될 거예요."

"그런 요청을 드렸다고 미워한다면 그건 그분의 인성이 문제인 거지. 우선 표현을 해봐. 상대에게 미움 받을까 봐 입을 꾹 다물고 있으면 자기 자신에게 미안하지 않을까. 물론 J의 요청이 받아들여지지 않을 수

고마워 자존감

도 있어. 하지만 최소한 J가 얼마나 힘들어했는지 스트레스를 받았는지 알게는 해야지."

"무서워서 말 못하겠어요. 설령 이야기를 했다고 해도 나중에 저를 어떤 식으로 생각할지 너무 신경 쓰여요. 저희 부모님은 평생 다른 사람들에게 민폐 끼치면 안 된다고 가르쳐 오셨고 묵묵히 성실한 게 미덕이라고 삶으로 보여주셨어요. 그래서 저도 그렇게 살아왔고 성실하고 믿을 만한 사람이라고 칭찬받으며 지금까지 좋은 이미지를 만들려고 애를 썼거든요. 그게 깨질까 봐 두려워요."

"그렇게 살아오신 부모님이 행복해 보여?"

"……아니요. 존경스럽기는 한데 행복해 보이지는 않으세요. 두 분다 너무 참고만 사셨어요."

J의 눈에 눈물이 맺힌다.

"J가 부모님의 부모님이었다면 어떤 이야기를 들려주고 싶어?"

"자꾸 참지만 말고 할 말은 하고 즐기면서 살라고 이야기해줄 것 같아요. 한 번뿐인 인생인데 하고 싶은 말 당당하게 하고 따질 때는 따지고 화낼 때는 화내고 자기 것도 좀 챙기라고요. 불이익을 당하면서도 아무 말 없이 꾹 참고 사는 건 착한 게 아니라 바보 같은 거라고, 자기 자신을 희생시키지 말라고 이야기해줄 거예요. 자기 자신을 위한 인생을 살라고요!"

"그래. J는 그렇게 살아. 참을 만큼 참아 왔잖아. 이제 할 말 좀 해도 된다고."

J는 휴지 한 통을 다 쓸 만큼 한참을 울었다.

솔직한 표현은 자신에 대한 예의 _

해야 할 말을 못해 위장병이나 탈모, 우울증까지 걸린 경우를 수도 없이 봐왔다. 타인에게 내 감정과 의견을 진솔하게 표현해도 그저 표현으로 그칠 때도 많다. 하지만 상대가 내 의사를 무시하더라도 그건 중요한 게 아니다. 내 속마음을 정확히 표현하기만 해도 병을 얻지는 않는다. 솔직한 표현은 내 마음을 대변하는 일이며 내가 내 편이 되었다는 증거다. 잘 끄집어낸 표현 하나만으로도 마음은 웃을 수 있다. 남의 이야기에는 귀를 기울이면서 자기 마음의 이야기에는 귀를 닫고 산다면 내 속의 어린아이는 하소연할 데를 잃게 된다.

"제가 사실 많이 힘들어요."

"그때는 제가 정말 화가 많이 났었어요."

"네가 생일 때 안 챙겨줘서 너무 서운하더라."

"너무 외로웠어. 혼자 잘 지내는 척 하려니 힘들더라."

"네가 그 이야기 했을 때 진짜 속상했어. 나한텐 그 말이 상처가 되더라."

"내가 무능력하다고 쫓아낼까 봐 무서워."

"가장으로 너무 부담이 돼서 잠을 못 이룰 정도야."

"나를 좀 도와줘."

이런 표현을 자연스럽게 할 수 있는 사람은 나약하고 찌질한 사람이 아니다. 자기 자신을 정확히 알고 스스로를 사랑할 줄 아는 오히려 멘탈이 강한 사람이다. 진짜 강한 사람만이 자신의 약한 마음을 드러내고 도움을 청할 수 있다.

"야(얘) 엄마가 갑자기 죽어버렸을 때 눈앞이 캄캄하고 너무 미안해 죽겠드라고. 내가 진짜 잘못했지. 말도 못하게 미안하고 힘들었어. 그때 정말 힘들었지."

사이다맨 우리 아버지는 이렇게 모든 것을 터놓고 이야기하고 다시 힘을 내서 씩씩하게 인생을 살아가셨다. 우리 아버지는 진정한 멘탈갑이셨다.

3
운명을 바꾸는
행운의 언어, '엉뚱 감사'

감사는 행운을 부르고 행운은 운명을 바꾼다. 어떤 불행 속에서도 감사할 줄 아는 습관이 사람을 행복으로 이끌어 준다. 사람이 절망의 구렁텅이에 빠지면 마음속에서 불평과 불만, 불안, 두려움, 원망이 올라온다. 이런 감정들은 작은 불행을 크게 여기도록 만들어 사람의 마음에 짙은 그늘을 드리운다. 그늘진 마음은 긍정적 행동 에너지까지 쪽쪽 빨아들여 사람을 무기력하게 만든다.

이런 악순환의 고리에서 건져 줄 수 있는 것이 바로 '감사'다. 감사의 동아줄을 잡으면 어두운 구렁텅이에서 빠져 나올 수 있다. 감사의 습관은 연습을 통해 키울 수 있다. 감사일기 쓰기, 주변 사람들에게 하

고마워 자존감

루 세 번 감사 표현하기, 당연히 누리고 살았던 일상에 새삼 감사하기 등등 여러 가지 좋은 연습 방법들이 있다.

그런데 그 수많은 감사 기법 중에서도 상당히 고단수의 기법을 소개하려고 한다. 그것은 바로 '엉뚱 감사'다. 기가 막히는 상황에 부딪혔을 때 화를 내거나 당황하거나 좌절하기 전에 반사적으로 감사부터 해보는 거다. 상황에 전혀 맞지 않는 엉뚱한 반응이지만 그래도 무조건 감사부터 하고 보는 거다.

나는 수년간 당연히 감사해야 할 것들에 감사하는 연습을 하면서 감사 습관이 몸에 배었다. 사람들은 의외로 당연히 감사해야 할 상황에서도 감사하는 마음을 가지거나 감사표현을 하는 경우가 드물었다. 의식을 못했든 쑥스럽든 감사의 마음을 가지지 않거나 표현을 하지 않는 것은 당사자에게 가장 큰 손해라는 것을 나는 많은 관찰을 통해서 알고 있었다. 그래서 나는 인생이 힘들다, 우울하다, 상처 받았다며 어려움으로 호소하는 사람들에게 감사할 거리를 찾아보고 표현해보면 신세계를 경험할 것이라고 강조하며 '감사 연습'을 적극 권유했다. 실제로 실천해본 사람들은 감사의 위력에 놀라며 감사를 통해 변화된 사례들을 들려주었다. 여러 이야기를 듣다보니 감사에도 단계가 있다는 것을 발견했다.

- **1단계** 지난 날 내가 누린 모든 행운과 성공들에 감사한다.
- **2단계** 지금 내가 누리고 있는 모든 행운과 성공들에 감사한다.

- **3단계** 지금 나와 연관되어 있는 모든 것(아주 사소한 물건, 일상적인 사건, 주변 사람들)에 감사한다.
- **4단계** 지난 날 내가 겪은 불행과 어려움에 감사한다.
- **5단계** 지금 내가 겪고 있는 불행과 어려움에 감사한다.
- **6단계** 매일 말도 안 되는 상황에서 엉뚱하게 감사한다(이게 엉뚱 감사다.).

감사의 중요성을 설명하고 실천을 권유하면 보통 사람들은 1~3단계까지는 스스로 해낸다. 4~5단계는 좋은 책이나 스승, 멘토를 통해 불행 속의 의미 찾기와 고난을 통한 개인의 성장에 대한 사례들을 들으면서 가능해진다. 마지막 6단계는 마음을 비우고 유머감각을 겸비한 바보가 되면 가능해진다.

5단계까지의 감사가 가능해졌을 때 나는 스스로가 타인에 비해 긍정성과 내공이 탁월한 사람같이 느껴져 알 수 없는 우월감을 갖게 되었다. 그런데 그 지점을 지나 6단계의 감사가 가능해졌을 땐 나 자신이 너무 웃겨서 신이 났다. 우월감이고 뭐고 그런 건 생각도 안 나고 그냥 엉뚱한 내 자신에 대해 기분이 좋아졌다. 엉뚱 감사를 하면 웃긴다. 기가 차서 웃긴다. 그리고 신기하게 기분이 좋아진다.

고마워 자존감

타당한 이유가 없음에도 감사 _

원래 부당한 상황에 대해 뭐든 따지고 고치려 들었던 나는 어느 날 그런 자신이 피곤하다는 생각이 들었다. 그래서 피해나 손해를 입었을 때도 버럭 감정을 폭발시키지 않고 마음속으로 감사를 외치는 미친 방법을 사용해 보았다. 그랬더니 화가 나야 하는 상황에서도 웃음이 나면서 마음이 훨씬 부드러워지고 누그러졌다. 알 수 없는 편안함과 자유로움까지 느껴지는 때도 있었다. 진짜 말도 안 되는 상황에서 감사를 해보자. 직접 해보면 알 수 있다.

'아침에 일어나니 손발이 저리고 몸이 무거워서 감사합니다.'

'속이 쓰려서 아무것도 못 먹으니 감사합니다.'

'이마에 여드름이 나서 감사합니다.'

'습도가 높아서 찝찝하고 불쾌하니 감사합니다.'

(식당에서 떠드는 아이를 보며) '시끄럽게 떠들어줘서 감사합니다.'

(불친절한 버스 기사 아저씨께) '불친절하게 대해 주셔서 감사합니다.'

(지하철에서 새치기하는 아주머니께) '새치기해주셔서 감사합니다.'

'동료와 의견이 안 맞아 마음이 불편하니 감사합니다.'

'야근하라고 해주셔서 감사합니다.'

'몇 달을 기다려온 여행 약속이 취소되어서 감사합니다.'

'기차 좌석이 없어서 감사합니다.'

'맛 집의 일류 메뉴가 너무 맛없어서 감사합니다.'

'이마에 여드름이 나서 감사합니다.'

'날이 너무 더워서 감사합니다.'

'날이 너무 추워서 감사합니다.'

'월급을 제때에 안 주셔서 감사합니다.'

'시험에 떨어져서 감사합니다.'

'화가 나서 감사합니다.'

'눈물이 나서 감사합니다.'

'부담이 되어 감사합니다.'

'걱정이 되어 감사합니다.'

'걱정 때문에 잠이 안 와서 감사합니다.'

나는 이것을 엉뚱 감사라고 부르고 싶다. 문제를 심각하게 받아들일수록 문제는 얼씨구나 하고 더 기승을 부린다. 하지만 가볍게 씩 웃어버리면 문제는 줄어든다. 도저히 감사할 수 없는 짜증스러운 상황에서 무조건 감사를 해보면 웃음이 나온다. 그리고 자기 자신이 좋아진다. 이런 일에까지 감사를 보낼 수 있는 스스로가 대견스럽고 존경스러워서 좋아지는 게 아니라 그냥 웃기는 행동을 하는 엉뚱한 자신이 여유 있어 보여 좋아진다. 엉뚱 감사를 하라고 시키는 대로 해보는 순수한 자기 자신이 귀여워서 좋아진다.

자궁에 근종이 생겨서 6개월 단위로 추적 검사를 해야 하는데 너무 바쁘게 지내다보니 오랜 기간 병원에 방문하지 못하고 있었다. 겨우 시간을 내어 재검사를 해보니 근종의 수가 늘어나 있고 크기도 커져 있었다.

"크기가 6~8센티나 되는 근종이 4개나 들어 앉아 있네요."

"아, 감사합니다!"

걱정하시는 의사 선생님의 말을 듣고 나는 반사적으로 감사를 표했다.

"감사하다고요? 뭐가요?"

나의 엉뚱한 대답에 의사선생님은 의아하다는 표정을 지으셨다.

"아……"

나는 눈웃음을 지으며 유쾌하게 말했다.

"음, 그래도 암은 아니니까요. 하하하하하하. 게다가 이렇게 근종이 크고 여러 개 있는데도 전 하혈도 없고 크게 통증도 없으니 감사하죠. 하하하하."

어리둥절한 표정으로 바라보는 의사선생님께 나는 이렇게 덧붙였다.

"근종이 5개가 아니고 4개뿐인 것도 감사하네요. 하하하하. 운이 정말 좋네요."

우선 엉뚱하게 감사부터 해두면 희한하게 감사할 타당한(?) 이유들이 꼬리에 꼬리를 물고 생각나기도 한다. 아주 재미있고 유익하다. 엉뚱한 상황에서 감사는 했는데 타당한 이유가 안 떠오른다고? 그럼 타당한 이유가 없음에 감사하면 된다. 뭐 이런 것들에 감사한다고 돈이 드는 것도 아니고 한 번 꼭 해보기를 추천한다. '엉뚱 감사'의 달인이 되어보자. '엉뚱 감사'를 반복하면 감사할 일들이 줄을 이어 따라온다. 한번 해보시라. '엉뚱 감사'는 운명을 바꿔주는 가장 경제적인 방법이다.

고마워 자존감

4

나와 너를
사랑하게 만드는
'기질 찾기'

"나는 나의 있는 모습 그대로가 너무 좋아서 다시 태어나도 지금 이 성격 이대로 똑같이 태어나고 싶다고 생각하시는 분 손들어 보세요."

자존감과 기질 찾기 세미나를 진행할 때 나는 이 질문부터 던진다. 눈을 감고 손을 들게 하면 100명 중 한 명 정도만 손을 쭉 뻗는다.

자아존중감이 높은 사람은 자신의 '있는 모습 그대로'를 사랑할 줄 안다. 반면 자아존중감이 낮은 사람들은 내가 어떤 모습인지조차 모른 채 부정적 자아인식의 물살에 휩쓸려 살아간다. 구체적인 어떤 이유도 대지 못한 채 막연히 '저는 제가 싫어요' 하고 고개를 숙인다. 다시 태어나고 싶다, 지금처럼만 아니면 좋겠다는 말도 덧붙인다.

자기 자신을 사랑하기 위해서는 우선 내가 어떤 사람인지 알 필요가 있다. 다양한 성격검사나 심리 테스트가 필요한 시간이다. 에니어그램이나 MBTI, DISK 성격유형 검사도 좋고 한국인을 위해 개발된 사군자 기질 검사도 추천한다. 검증된 검사도구의 수치를 통해 베일에 감춰졌던 나란 사람을 마주하는 순간, 비로소 자기에 대한 이해와 연민, 사랑의 싹이 자란다.

한국 기질 검사 연구소의 김종구 대표님이 고안한 사군자 기질 검사는 우리 선조들이 군자의 네 가지 덕성을 매화, 난초, 국화, 대나무로 표현했던 전통에 현대적 기질분류방식을 접목하여 만든 도구다. 사군자 특성을 기초로 한 4가지 분류 방식에 내향적 성격과 외향적 성격 특성을 더하여 모두 8가지 유형으로 세분화했다. 사군자 기질 검사는 한국 사람에게 익숙한 개념을 바탕으로 만들었기 때문에 이해와 기억이 쉽다. 이 도구는 나의 기질 파악뿐 아니라 타인과의 기질적 차이를 이해하는 데 큰 도움을 준다. 기질별 조언을 보면 너무 맞고 필요한 말이라 뜨끔하다.

나는 감정기복이 심하고 눈물이 많아 혹시 유리멘탈의 마음 약한 사람이 아닐까 심각히 고민했던 적이 있다. 그런데 국화기질의 사람은 측은지심이 많아 타인의 희로애락에 대한 감정 공감을 잘해 잘 웃고 잘 운다는 것을 알게 된 이후 안심했다.

'이 기질의 전형적인 특징일 뿐이구나. 내가 이상하거나 나쁘거나 나약한 것이 아니구나!'라는 생각에 마음이 편안해졌다. 한편 내가 늘

120   고마워 자존감

이상적인 성격으로 생각했던, 감정 절제를 잘하는 머리형적인 대나무 기질은 타인과의 정서적 관계 맺기에 어려움을 느낀다는 사실을 알게 된 이후로는 더 이상 부러워하지 않게 되었다. 기질은 우위가 있는 게 아니라 그냥 다른 것뿐이고 나름의 장단점을 가지고 있는 것이니 남이 가진 것을 부러워하기보다 내가 가진 장점을 살리는 게 더 멋있는 사람이 되는 길임을 이 검사도구는 암시하고 있다.

같은 기질의 사람과 대화를 나누다 보면 안심하는 경우가 많다. 자신의 성격이 이상하다고 여기며 자책하고 있었는데 나만 그런 게 아니었다는 사실을 발견하기 때문이다. 게다가 자신이 끔찍이 싫어했던 내 성격을 오히려 장점으로 생각하고 자랑스러워하는 사람을 만나면서 관점의 전환을 경험하기도 한다. 이런 경험을 통해 막연하게만 느끼던 자기 자신을 객관적으로 바라보고 인정하고 받아들인다. 또 자기 성향과 다른 기질들의 장단점을 공부하면서 완벽한 사람은 없다는 사실을 깨닫게 된다. 평소 부러웠던 기질에도 나름의 단점이 있고 그 때문에 고민하는 사람들의 이야기를 들으면서 안도의 한숨을 쉬게 된다. 타인의 불완전함에 위로받으면서 자신의 불완전함에 관대해진다. '있는 모습 그대로 사랑하기'는 여기서부터 시작된다.

다시 태어나도 지금 이 성격 이대로 똑같이 태어나고 싶다_

한번은 결혼 후 자존감이 낮아졌다는 어느 부부의 부탁으로 사군자 기질 검사를 시행한 적이 있다. 외향매화 기질의 남편은 공무원으로 인간시계라고 불릴 만큼 시간관리가 철저하고 빈틈이 없는 사람이었다. 미술학원 선생님인 아내는 내향난초로 자유롭고 개인적인 취미생활을 중요시하는 사람이었다. 남편은 아내가 자신과 함께 새벽에 일어나 헬스장을 다니길 바랐다. 반면 아내는 그림에 몰두해 있는 동안 만큼은 남편이 알아서 식사를 하고 간섭하지 않기를 바랐다. 남편에겐 아내가 게으른 사람 같았다. 아내에게 남편은 꽉 막힌 사람 같았다. 남편은 아내의 자유로운 생활 패턴에 화가 났다. 아내는 남편의 잔소리에 숨이 막히고 답답했다. 아내는 남편과 결혼하기 전 30년 동안 주변으로부터 들은 잔소리보다 남편과 3년 살면서 들은 잔소리가 더 많다고 했다. 남편과 살면 살수록 자신이 뭔가 문제 있는 사람으로 느껴져 스스로가 싫어졌다. 남편도 밖에서는 성실한 사람으로 인정받으며 살아왔는데 아내의 부정적 태도를 접하며 자아존중감이 서서히 떨어지기 시작했다. 서로 사랑해서 결혼한 게 분명한데 결혼생활을 통해 상대도 싫어지고 자기 자신도 싫어지니 여간 고민스런 일이 아니다.

기질 테스트를 마쳤다. 서로의 기질 특성이 상세하게 적혀있는 설명지를 바꿔서 읽어보되 연애 당시 매력을 느꼈던 특성에 줄을 그어보라고 요청했다. 읽어보라고 했다. 부부는 상대방이 읽어주는 내용을 들으며 놀라기도 하고 부끄러워하기도 하고 감격해 하기도 했다. 상대가 구체적으로 자신의 어떤 부분에 매력을 느꼈는지 들어보니 감회가 새롭단다. 당사자는 스스로에 대한 자부심이 생겼고 상대방은 반성하는 시간이었다. 자신과 다른 면에 매력을 느껴서 청혼을 하고 결혼했는데 살면서 부대끼다 보니 그 매력을 잊은 것 같다며 미안해했다. 기질에 대한 정확한 이해는 자신에 대한 사랑뿐 아니라 상대에 대한 사랑도 지켜준다.

기질 찾기 세미나를 진행하다 보면 이런 질문을 받기도 한다.

"어느 성향이 제일 좋은 건가요?"

"제 기질은 싫은데 다른 기질로 바뀔 수 있나요?"

나는 어느 성향은 좋고 어느 성향은 나쁘다고 말할 수 없다고 답해준다. 우수한 기질, 열등한 기질은 없다. 각자의 좋음과 각자의 멋짐을 가지고 있고 서로 다를 뿐이다. 그리고 타고난 기질을 바꾸기는 어렵다고 답해준다. 타고난 성향을 바꿀 수는 없지만 자기 성향의 장점을 살리고 단점을 극복하기 위해 노력하면 지금보다 더 멋있는 사람이 될 수 있다. 사과가 수박이 되거나 감이 바나나가 될 수는 없지만 노력을 통해 더 아름다운 사과, 멋진 감이 될 수는 있다. 그런 노력을 시도하고 지속하는 자신을 응원하고 소중히 생각해 주어야 한다. 어떤 사람도 무결점의 완벽한 성격을 가질 수는 없다. 버리고 싶은 단점이 자꾸 괴롭히더라도 좋은 사람이 되기 위해 애쓰는 자신을 스스로 인정해야 한다. 그리고 그 모습을 사랑해야 한다.

단점을 고치는 데는 시간이 걸린다. 고치기 힘든 단점에 신경 쓰느라 스트레스 받느니 나의 장점에 자부심을 느끼고 개발하면서 단점을 보완해가는 것이 좋겠다. 사람이 타고난 기질상의 장점은 신과 선조들과 부모님께 받은 선물이다. 이 선물을 감사한 마음으로 받아들이고, 나아가 이를 잘 개발시키고 성장시켜 나 혼자만 잘 먹고 잘 사는 것이 아니라 주변 사람들과 사회에 도움과 기쁨을 줄 수 있어야 한다고 생각한다. 모자란 점에 마음을 쓰느라 자책하는 데 허송세월한다면 그게 불효가 아니고 무엇이랴. 나보다 먼저 있었던 사람들로부터 물려받은 나만의 장점, 나만의 보석을 찾아내서 갈고 닦자! 닦고 닦고 또 닦다 보면 내가 뿌듯해진다. 내가 사랑스러워진다. 그러면 된다.

"나는 나의 있는 모습 그대로가 너무 좋아서 다시 태어나도 지금 이 성격 이대로 똑같이 태어나고 싶다고 생각하시는 분 손들어 보세요."

질문을 던지며 나는 늘 내 손을 번쩍 든다. 나는 내가 정말 좋다. 나의 기질은 정말 멋지다. 이런 아름다운 기질을 소유한 나 같은 사람은 오래 오래 살아주는 것이 사회와 국가와 인류의 행복과 발전에 큰 이득이라고 진심으로 생각한다.

고마워 자존감

5

신의 선물
'Thanks GOD!'

대상포진에 걸린 적이 있다. 대상포진이 급습하기 전까지 나는 육체의 병쯤이야 정신력으로 거뜬히 이길 수 있다고 믿던 사람이었다. 몸 아프다고 우는 소리 하는 건 정신이 나약하기 때문이라 여겼다.

　한 달 동안 대상포진과 사투를 벌이면서 나는 정신력으로 이기지 못하는 고통이 있다는 것을 뼈저리게 알게 되었다. 온몸이 바늘로 찔리는 것 같은 고통은 나를 눈물과 땀범벅으로 만들어 놓았다. 이후 나는 다양한 병으로 고통 받는 사람들에 대한 마인드가 180도 바뀌었다. 대상포진의 고통스러운 경험을 직접 겪어보지 않았다면 나는 환자들에게 계속 정신이 나약한 사람들이라는 낙인을 찍어댔을 것이다. 나의 오만방자한 시선은 한 달 사이에 달라졌다. 그래서 그 경험에 진심으로 감사하고 있다.

어떤 이치들은 책으로 읽고 말로 듣고 머리로 이해한다고 절대로 체화되지 않는다. 오직 피부에 와 닿는 경험만이 '아!' 하는 탄성과 함께 좁은 소견을 망치로 깨준다. 자기 생각의 우물 안에 갇혀 있던 자아를 해방시켜주어 더 나은 사람의 길로 인도해준다. 그런 경험은 자신의 좁은 마음, 편견, 아집을 깨뜨리는 은인이니 가히 신의 선물이라고 할 수 있다. 그런 경험이 없다면 우리는 작고 좁고 재수 없는 인간의 모습으로, 자기 생각이 최고인 줄 아는 편협한 노인으로 나이만 먹어갈 것이다. 그러니 자신을 깨뜨려주고 마음 그릇을 키워주고 안목을 넓혀준 경험들에 감사해야 한다. 그런 귀한 경험이라는 선물을 준 신에게 감사해야 한다.

우리는 살다보면 신을 찾고 싶을 만큼 절박한 상황을 만나기도 한다. 신이 원망스러워 하늘에 삿대질을 하며 욕을 하고 싶은 상황에 직면하기도 한다. 앞이 캄캄하고 도저히 해결할 기미가 안 보여 꿈에라도 신이 짠 하고 등장해 갈 길을 알려 줬으면 좋겠다 싶은 경우도 있다. 사람들은 벼랑 끝에 서면 신을 생각한다. 신을 원망하든 신에게 애원하든 신에게 이렇게 된 원인을 묻고 싶어서든 어쨌든 사람이 아닌 절대적 존재를 필요로 한다. 특히 중병이나 교통사고처럼 목숨을 경각에 두고 있거나 가까운 지인의 죽음을 목도하게 되면 왜 이런 일이 생겼는지 신에게 따져 묻고 싶어진다.

고마워 자존감

'신이 나에게 왜 이러는 걸까?'

'하늘이 우리에게 왜 이러는 걸까?'

'왜! 왜! 왜!'

당시에는 어두운 터널에 갇힌 것 같고 악의 구렁텅이에 빠진 것 같고 헤어 나올 방법이 보이지 않아 막막하기만 하다. 어안이 벙벙하다. 숨이 턱턱 막힌다. 이런 말도 안 되는 상황에 일부러 몰아넣은 것 같고 또 버려둔 것 같아 신에게 화가 난다. 그런데 시간은 흘러간다. 시간이 흐른 뒤 다시 돌아보면 그 억울하고 암울했던 사건들 속에 숨어 있는 뜻밖의 선물을 발견하기도 한다. 물론 아무나 발견할 수 있는 건 아니다.

어머니가 자살로 돌아가시고 엄마 잃은 딸이 되었을 때 나는 세상의 모든 엄마 잃은 딸들의 마음을 알 수 있게 되었다. 그리고 가족 중 자살한 사람이 있는 가정의 가족원들의 마음도 알 수 있게 되었다. 지적장애 막내 동생과 생활하면서 장애우를 가족으로 둔 사람들의 마음도 알 수 있게 되었다. 가난과 아버지의 파산을 통해 경제적으로 어려움에 처해 있는 사람들의 마음을 알게 되었다. 고물장수의 딸로 지내오면서 천시 받는 직업을 가진 사람들의 마음도 알게 되었다. 아버지가 돌아가신 후에는 양쪽 부모가 다 없었던 친구의 마음을 그제야 제대로 알 수 있게 되었다.

그 입장에 처해보면 같은 경험을 해본 사람들의 마음을 구구절절 이야기하지 않아도 저절로 알게 된다. 그러다 보면 마음으로 품을 수 있는 폭이 넓어진다. 품을 수 있는 범위가 넓어질수록 진실한 인간관계의 범위도 확장된다. 사람의 마음 하나 얻기가 힘들고 마음 하나 얻으면 세상을 얻은 것과 마찬가지라고들 한다. 그런데 그 어렵다는 사람의 마음을 얻는 것이 나는 쉽다. 그저 그네들과 같은 상황에 처해보았다는 이유만으로 마음을 얻기 유리한 입장에 놓이게 된 것이다. 물론 사람의 마음을 얻는다고 일확천금이 따른다거나 사회적 지위가 높아지거나 하는 것은 아니다. 나 자신이 더 겸허하고 더 따뜻한 사람이 될 수는 있다. 신기하게도 이것이 행복과 직결된다. 사람의 진실한 마음을 가장 많이 얻은 사람이 가장 행복하다는 것을 인생을 제대로 살아온 사람이라면 잘 알 것이다.

포장지를 뜯기 전에는 선물인 줄 모른다 _

"선생님, 우리 엄마는 내가 어릴 때 일찍 돌아가셨어요. 그래서 너무 슬펐어요."

"응, 나도 그래."

"저희 아이가 다섯 살이 될 때까지 제대로 말을 못하다 결국 장애진단을 받았어요. 너무 속상해요."

"제 동생도 그랬습니다. 어머님."

"아버지 사업이 망해서 달동네 단칸방에서 온 가족이 같이 지내고 있어요. 비참해 죽겠어요."

"우리 집도 그런 적이 있었지. 참 힘들지."

"우리 오빠가 어느 날 갑자기 스스로 죽어 버렸어요. 어디에 말도 못하고."

"너무 마음 아프고 고통스럽지? 나도 그랬어."

'나도 그랬다'는 말 한마디면 모두 하나같이 마음 문을 활짝 열고 가슴 속 깊이 숨겨 두었던 속이야기를 털어 놓았다. 그리고 가만히 들어만 주었을 뿐인 나를 믿어주고 나에게 고마워하고 나의 귀한 인연들이 되어 주었다. 수많은 사연을 공유하며 함께 울고 웃으면서 나는 자연스럽게 더 좋은 사람이 되어갈 수밖에 없었다.

신의 선물은 이상하다. 그것을 처음 받으면 도저히 선물이라는 것을 알 수가 없다. 그 선물은 이상한 포장지로 싸여 있기 때문이다. 그것은 재앙, 역경, 불행, 고난, 상처라는 포장지로 덮여 있다. 이 포장지를 뜯어내는 데는 상당한 시간이 걸리기도 한다. 이 작업은 다른 누군가가 대신해 줄 수 없다. 자기 스스로 포장지를 풀어내야 한다. 포장지를 다 뜯지 못하고 이상한 걸 안겨준 신에게 실망하고 원망하는 선에서 멈춰 버리는 경우도 있다. 평생을 불평과 불만 속에서 포장지만 곱씹다 인생을 마감하기도 한다. 하지만 차근차근 포장지를 잘 뜯어내고 그 안에 들어 있는 진짜 내용물을 발견한 사람들은 이렇게 외칠 것이다.

"Thanks GOD!"

"신이시여! 감사합니다!"

이것은 포장지를 다 뜯어내지 못한 사람들은 절대로 이해할 수 없는 반응이다. 포장지를 뜯어내고 그 속의 내용물을 발견한 사람들만 알 수 있는 당연한 반응이다. 다행스러운 것은 신의 선물은 한번 제대로 이해하면 그 후부터는 선물의 내용물을 발견하기가 더 쉬워진다.

자기 인생의 지난날을 되돌아보자. 당시에는 선물로 인식하지 못 했지만 지나고 보니 엄청난 선물이었던 것이 있을 것이다. 그때 그 사건을 겪었기 때문에 더 괜찮은 사람이 되어 있지 않은가? 그 일을 통해 다른 사람들의 마음을 깊이 이해할 수 있지 않은가? 그 상처가 있었기에 겸허히 자신을 낮추는 미덕을 갖추게 된 것이 아닌가? 그 고난 후에 훨씬 성숙한 시선으로 세상을 대할 수 있지 않았는가? 그 어려움을 겪으면서 당신은 더 내공 있고 매력적인 사람이 되지 않았는가? 그렇다고 인정이 된다면 좀 늦은 감이 있지만 이제라도 멋진 선물을 안겨줬던 신에게 감사하자!

"Thanks GOD! 신의 선물 덕분에 내가 더 행복한 사람이 됐어요!"

4장

채 여왕의
이상한 카운슬링

"임금님 귀는 당나귀 귀~" 대나무 숲에 외치고 나서야 속병이 씻은 듯이 나은 전래 동화 속 인물을 우리는 잘 알고 있다. 모든 사람에게는 믿을 만한 대나무 숲 같은 존재가 최소 한 명 은 있어야 한다. 살다보면 도저히 주변에 말 못 할 사연이 생기기도 한다. 혼자 끌어안고 끙 끙 댈수록 속병만 깊어진다. 꽁꽁 숨겨둔 이야기를 속 시원히 털어 놓을 수 있는 대나무 숲 같은 사람을 꼭 찾으라. 그리고 당신도 누군가의 믿을 만한 대나무 숲이 되어주자.

> 상처가 났을 땐 혼자 있지 말고 사람을 찾아가렴.
> 좋은 사람 곁에 머물면 네 상처가 아문단다.
>
> _ 울지 마 당신, 이용현, p152

1

가족이 자살했어요
– 나도요

친구가 자살하기 전 차 한 잔 하자고 전화를 걸어왔는데 야근으로 약속을 미뤘다가 친구의 죽음 이후 죄책감에 시달리는 여성을 만난 적이 있다.

그때 같이 차를 마시며 이야기를 들어주었더라면 그 친구가 그리 허망하게 죽지는 않았을 텐데, 그런 생각이 몇 년 동안 그녀를 괴롭혔다고 한다. 마지막 구조 요청 사인을 자신이 놓쳤다며 한탄했다. 친구와 통화하던 그 순간은 수도 없이 꿈에 나타났다. 그녀는 불면증에 걸릴 정도로 고통스러워하고 있었다.

친구의 자살도 깊은 상처를 남기는데 하물며 가족의 자살은 어떨까? 죽은 사람은 심리적 고통에서 해방되었을지 몰라도 뒤에 남은 가족은 그 고통의 바통을 이어받아 마음속에 큰 돌덩이를 짊어지고 살아간다.

'왜 죽었을까? 내가 막을 수는 없었을까? 내가 그 죽음에 원인을 제공한 것은 아닐까?'

이런 의문들이 손톱처럼 끊임없이 자라 마음을 할퀸다.

아버지, 어머니, 할아버지, 할머니, 이모, 삼촌, 오빠, 언니의 자살로 힘들어하는 사람들을 만나보면 하나같이 죄책감에 시달린다. 우울해지고 무기력해지고 삶의 의욕과 열정을 잃어간다. '내가 ~했더라면'이라는 문장이 꼬리를 물고 머릿속을 돌아다닌다.

'내가 조금만 더 잘해주었더라면'

'내가 조금만 더 예민하게 캐치했다면'

'내가 조금만 더 이야기를 잘 들어 주었더라면'

'내가 조금만 더 위로와 격려를 해주었더라면'

이쯤에서 질문을 던진다.

"그럼 자살을 막을 수 있었을까요?"

대부분 아무 대답도 못한다.

"자살을 막지는 못했더라도 죄책감은 덜 했겠지요."

죽은 오빠를 평소 미워했던 어느 여동생은 이렇게 대답했다.

다시 질문을 던진다.

"평생 죄책감을 가지고 고통스러워하면서 살아가면 죽은 오빠가 기뻐할까요?"

"······"

네 잘못이 아니야. 운이 나빴을 뿐이야_

어머니가 돌아가신 날은 이상한 게 많았다.

늘 제시간에 일찍 들어오라고 신신당부하던 어머니는 그날은 친구들하고 놀다가 늦게 들어오라고 하셨다. 평소와 다른 어머니의 태도에 뭔가 석연치 않은 느낌이 들었다. 집에 돌아와 보니 방문이 잠겨 있고, 아무리 불러도 대답이 없었을 때도 이상했다. 시골집 마루에 혼자 앉아 엄마를 하염없이 기다리는 동안에도 무어라 설명할 수 없는 생각이 계속 들었다. 이상하고 이상했지만 주인집 아주머니가 사람을 불러 방문을 부수기 전까지 나는 아무것도 하지 않았다. 구급차가 달려와 엄마를 싣고 나가는 순간에야 내가 느낀 이상함이 무엇 때문이었는지 알게 되었다.

'그날 내가 친구들과 놀지 않고 집에 일찍 돌아왔으면 엄마를 살릴 수 있었을까?'

'그날 내가 굳게 닫힌 방문을 비상사태로 인지하고 곧바로 집주인 아주머니께 도움을 청했으면 엄마를 살릴 수 있었을까?'

'그날 내가 마루에 하염없이 앉아만 있지 않고 방문을 계속 두드렸

　　　　　　　　고마워 자존감

다면 엄마를 살릴 수 있었을까?'

'그 전날 내가 엄마 말을 잘 들어서 엄마와 아빠가 싸우지 않았다면 엄마는 살 수 있었을까?'

'엄마에게 스트레스를 주는 말썽쟁이인 나 같은 딸이 애초에 태어나지 않았더라면 엄마는 살 수 있었을까?'

'이상함을 여러 번 느끼고도 아무런 행동을 하지 않은 나 때문에 엄마가 죽은 건 아닐까?'

이런 생각들은 꼬리에 꼬리를 물고 분열을 일으키며 머리를 꽉 채운다. 이 상념을 그대로 방치해두면 어느 순간 나는 엄마를 자살로 몰아붙인 살인자가 되어 숨 쉴 자격도 없고, 웃을 자격도 없는 사람이 된다.

다행스럽게도 나는 수많은 심리상담 에세이와 전공서적, 치유 영화, 상담 전문가들을 만나며 이런 말을 들었다.

"네 잘못이 아니야. 운이 나빴을 뿐이야."

사실 어느 정도 내가 죽음의 한 원인일 수도 있다. 하지만 이미 일어난 사건을 돌이킬 수 없다. 자책하고 괴로워한다고 죽은 사람이 살아 돌아오는 것도 아니다. 속죄하는 심정으로 죄책감의 사슬을 치렁치렁 온몸에 감고 죽은 것과 다름없는 음울한 인생을 보낸다면 죽은 사람이 통쾌하게 여기며 기뻐할까? 속 시원하다며 저승에서 춤이라도 출까?

충격적인 상실감에 대한 애도의 시간은 분명히 필요하다. 마음 깊이 슬퍼하고 원 없이 아파하고 원망할 부분은 원망하고 안타까워할 부분은 안타까워해야 한다. 하지만 그 끝이 자기비난으로 이어지면 곤란하다. 나무뿌리 같이 얽혀있는 마음의 감정선과, 그 선을 덮고 있는 생각의 먼지들을 닦아내고 풀어가며 최대한 단순해져야 한다. 담백해져야 한다. 그래야 시시각각 다가오는 인생의 다음 트랙으로 씩씩하게 뛰어갈 수 있다.

어머니의 유언장에는 단정한 글씨로 이렇게 적혀 있었다.

'미안하다. 아빠 말 잘 듣고 행복하게 살아라.'

도저히 행복할 수 없는 원인을 제공하고 떠난 사람의 마지막 부탁은 마음을 시리게 했다. 자신도 이루지 못한 행복을 우리더러 해내라며 빚을 떠넘기고 가버린 것 같아 씁쓸하기도 했다. 심적 고민으로 오랜 기간 무거움을 지고 왔던 나는 인생의 여러 고비를 지나면서 어느 순간 단순해지기로 작정했다. 죽은 엄마의 몫까지 두 배로 신나게 행복하게 살아야겠다고 다짐했다. 엄마가 다 누리고 가지 못한 행복까지 내가 다 챙겨 먹어야겠다고 이를 악물었다.

'그래! 내가 미처 다 살지 못한 엄마의 남은 삶까지 더 씩씩하게 살아주겠어. 자살하는 사람이 더 이상 나오지 않는 멋진 세상, 즐거운 세상, 신나는 세상, 건강한 세상을 만드는 데 기여하겠어. 내가 가진 재능과 경험으로 사람들이 영원히 살고 싶어 하는 아름다운 세상을 만들어 볼 거야.'

이렇게 주먹을 쥐었다. 이런 위대한 세상을 만들기 위해서는 해야 할

고마워 자존감

일이 아주 아주 많으니 건강하고 씩씩하게 오래오래 살아야겠다고
마음먹었다.

단순한 게 힘 _

자살한 가족 때문에 삶의 의욕을 잃고 고통스럽다고 호소하는 사람
들에게 나는 애도의 기간을 충분히 가진 다음에 단순해지라고 조언
한다. 그 다음에 힘이 좀 나기 시작하거든 자살자가 나오지 않는 '살
맛 나는 세상 만들기'에 동참해보라고 권유한다. 죽지 못해 사는 것이
아니라 너무 즐거워서 영원히 죽고 싶지 않은 세상을 만드는 데 각자
가 할 수 있는 힘을 보태보라고 목청을 높인다.

　죽은 사람에 대한 죄책감은 편지를 써서 태워 보내자.

　'네가 그렇게 갑자기 죽었을 때 나는 너무 놀라고 슬펐다. 네 죽음
을 내가 막지 못한 것에 대해 죄책감이 들어 고통스러웠다. 너의 힘겨
운 싸움을 미리 알아채고 다독여주지 못해 미안하다. 네가 자살을 택
할 만큼 심한 고통 가운데 있는지는 몰랐다. 좀 힘들어하다 곧 이겨내
겠지 하고 대수롭지 않게 생각한 거 미안하다. 하지만 너도 너무했다.
네가 죽은 후 나는 오랫동안 웃을 수 없었다. 네가 계속 꿈에 나와 잠
도 잘 수 없었다. 너에게 미안하면서도 극단적인 선택을 한 네가 원망
스럽기도 했다. 네가 너무 그립고 보고 싶다. 나는 이제 그만 괴로워하

고 네 몫까지 행복하게 살아보려 한다. 행복한 세상을 만들기 위해 내가 할 수 있는 일을 찾아보려 한다. 너도 영혼으로라도 행복했으면 좋겠다.'

친구의 자살로 불면증에 시달리던 그녀는 이 편지를 쓰고부터는 친구가 꿈에 나오지 않아 편히 잠들 수 있었다고 한다.

충격적인 사건을 마주했을 때는 너무 복잡하게 생각하면 안 된다. 잘 살기 위해서 단순해져야 한다. 단순한 게 힘이다. 털어버릴 건 털어버릴 줄도 알아야 한다.

고마워 자존감

2

너무 힘들어서
죽고 싶어요
–이거는 해놓고 죽읍시다

"너는 커서 뭐 할 건데?"

"내는 컴퓨터 프로게이머 할 거다. 그게 제일 재미있다."

"야, 그건 경쟁자가 많아서 최고 되기 대빵 어렵다."

"하다가 잘 안 되면 죽어버리면 되지 뭐."

"오~ 깔끔하네."

지하철에서 초등학생들의 대화를 듣다가 깜짝 놀란 적이 있다. 저희들은 별 생각 없었겠지만 듣는 내게는 죽는다는 말이 걸렸다. 무의식적으로 죽음을 쉽게 생각하고 있으니 말도 쉽게 나온다. 게다가 이 아이들은 죽음을 하나의 문제해결 방안으로 여긴다. 심지어 그건 '깔끔

한 방법'이다. 어디서 배운 걸까? 아마 인터넷이나 뉴스를 통해 자신도 모르게 젖어든 것 같다. 그러니 아이들 탓을 할 수도 없다.

"회사에서 갑자기 잘렸어요. 사전 통보도 없이. 막막해서 죽어 버리고 싶어요."

"결혼을 약속하고 5년이나 사귄 남자친구가 다른 여자가 생겼다고 헤어지자고 해요. 내가 죽어버리면 죄책감을 느끼겠죠?"

"암 투병으로 고생하던 어머니가 돌아가셨어요. 저를 유일하게 사랑해주셨던 분인데. 이제 사는 의미가 없어진 거 같아요. 어머니를 따라 죽고 싶은 마음뿐이네요."

"원하는 대학에 또 떨어졌어요. 정말 쓸모없는 존재 같아요. 그냥 죽어버리는 게 나을 거 같아요."

많은 사람들에게 다양한 이유들로 죽고 싶다는 하소연을 들을 때마다 나는 난처했다. 처음엔 감정 공감을 해주고 그 입장이 되어 이해해 주려고 노력했다. 시간이 지나면서 뭔가 실질적인 해결책을 제시하고 희망적인 이야기들을 해주려고 했다. 그러다가 아무 말도 없이 그냥 들어주기만 하는 단계가 되었다. 공감도 안 한다. 위로도 안 한다. 조언도 없다. 그냥 멀뚱멀뚱하게 심각한 이야기를 듣기만 한다. 그런 나에게 상담을 청해 온 사람들은 자기 이야기를 실컷 다 하고 나서는 이렇게 말했다.

"무슨 말이라도 해주세요."

"아, 미안. 목에 걸린 말이 있기는 한데 이걸 말해야 할지 말아야 할지 고민중이었어."

"무슨 말을 해주고 싶은데요? 이야기해보세요."

"좀 엉뚱한 생각이라서 화낼 수도 있을 거 같아서."

"그냥 시원하게 말해보세요. 궁금하잖아요."

이렇게 되면 갑자기 고해성사하는 입장이 바뀐다.

"미안한데 나는 누군가 힘들어서 죽고 싶다는 이야기를 하면 위로 해주고 싶은 마음이 크게 들진 않거든. 위로가 필요한 거라면 나한테 이야기해 봤자 별 도움 못 받을 거야. 나는 사람이 아무리 죽을 만큼 힘들어해도 결국 시간이 지나면 어쨌든 이겨내고 씩씩하게 살아갈 힘을 가지고 있다는 걸 알거든. 하지만 그 힘을 발휘하지 않고 진짜 죽음을 선택할 수도 있다는 것도 알아. 이건 각 개인의 선택이라 내 힘으로는 어쩔 수 없다고 생각하고 있어."

"사실 그렇죠. 하지만 누군가 진심으로 공감해주고 위로해주면 살아갈 힘을 내기가 더 수월해지니까 위로해주는 게 도움이 되잖아요."

"당연히 그렇지. 그 역할을 나는 잘 못하겠다는 거지. 물론 나도 30분 정도는 위로의 말을 해줄 수 있을 거 같아. 하지만 그 시간이 지나면 자꾸 잔소리가 하고 싶어져서 말야. 잔소리 하고 싶은 내 마음과 싸우면서 잘 들어주는 척, 이해하는 척 하는 건 위선 같아. 나 자신한테도 못 할 짓이고 상대한테도 예의가 아니지."

"어떤 잔소리가 하고 싶은데요?"

"음. 내가 언어치료 수업을 하려고 방문하는 장애아동 생활시설에는 뇌병변 친구들이 많아. 뇌병변 장애는 뇌의 기질적 병변으로 신체적 장애를 가지고 살아가게 되는데 팔, 다리가 마비되어 원하는 대로 움직이기 어려워. 평생을 휠체어에 의지해서 타인의 도움을 받으며 살아야 하는 경우가 대부분이야. 중증장애인 경우는 온 몸을 꼼짝도 못하고 평생을 누워만 있기도 하는데 자신의 몸에 갇혀 있는 상황인 거지. 옷 입는 것, 밥 먹는 것, 대소변까지 타인의 도움이 없으면 아무것도 할 수 없어. 얼굴 근육도 마비되어 있어 말도 쉽게 나오지 않아 여러 번 반복해서 이야기해야 상대방이 알아들을 수 있어. 굳어진 손으로 오랜 기간 연습해야 연필로 자기 이름을 쓰거나 수저를 들고 밥을 먹을 수 있는데 평생 수저를 잡지 못하는 경우도 있어. 타인을 의지하지 않고서는 살아 갈 수가 없지."

"그런 몸을 가지고도 열심히 사는 친구들도 있는데 사지육신 멀쩡한 너는 죽고 싶다는 배부른 소리 그만하고 감사하며 열심히 살아라 그런 잔소리가 하고 싶으신 거여요?"

"아니. 죽고 싶다는 말을 입으로 내뱉을 정도면 얼마나 견디기 힘든 고비 속에 있을지 가늠이 되니 함부로 그런 고통을 무시하는 조언은 못하지. 그런데 진짜 죽음을 택할 거라면 그 건강한 육체가 정말 아깝다는 거지. 누군가에겐 평생 가지고 싶어도 얻지 못하는 부러운 육체인데. 그래서 누군가 죽고 싶다는 말을 하면 장기기증 신청은 해두라는 말이 속에서 올라온다니까. 공상영화처럼 영혼을 육체에 이식하는 게 가능하다면 불구의 몸이지만 마음은 더 살고 싶어 하는 사람들과 육체를 바꾸면 얼마나 좋겠어. 그건 불가능하니 기왕 죽겠다면 더 살고 싶지만 중병으로 시한부 선고를 받은 사람들에게 생명을 나눠 주고 가면 좋겠다는 생각을 해. 너무 잔인한가? 이런 말을 어떻게 대놓고 할 수 있겠어. 그러니 입 다물고 가만히 듣고만 있는 거지."

"어휴, 선생님 앞에서는 죽겠다는 소리 하면 안 되겠어요. 장기는 내놓고 죽으라고 할 사람이니."

농담 반 진담 반으로 저리들 이야기한다.

이 오래 살 사람들! _

불치병으로 시한부 선고를 받은 분들이나 일평생 자신의 다리로 걸어본 적이 없는 중증 뇌병변 장애우들 앞에 가서 삶이 고단해서 죽고 싶다고 하면 그분들이 뭐라고 이야기할까?

"너는 참 좋겠다. 두 손으로 혼자 세수하고 식사도 할 수 있으니."

"너는 참 행복하겠다. 두 발로 자유롭게 어디든지 걸어 다닐 수 있으니."

"너는 진짜 복 받았다. 나는 살려고 마음을 먹어도 육신이 버텨주지 않는데 너는 살려고 마음만 먹으면 얼마든지 오랫동안 살아 갈 수 있으니."

"너의 영혼은 건강한 육체라는 집을 특별히 선물 받았는데 그 집을 포기하지 말아줘."

그래도 죽고 싶다면 죽기 전에 이거는 해보면 좋겠다.

첫째, 장애우 생활 시설에 가서 한 달 정도 봉사활동 해보라.

둘째, 중병 환자 병동에 가서 한 달 정도 봉사활동을 해보라.

셋째, 화장터에 가서 종일 있어보라.

넷째, 질병관리 본부 장기이식관리센터, 사랑의 장기기증운동본부
　　　등에 장기 기증 신청을 해두라.

내 말을 듣고 장기기증 신청까지 한 사람은 한 사람도 없는 것 같다.
죽어버린 사람도 아직은 한 사람도 없다. 첫 번째 미션까지만 해봐도
대다수가 삶에 의욕을 가지고 씩씩하게 살아간다. 장기를 막상 기증
하려니 아까워졌는지 다들 아주 그냥 열심히 살면서 인생의 어두운
터널을 가뿐히 지나버렸다. 이 독한 사람들. 이 웃긴 사람들. 이 오래
살 사람들!

　　　　　　　　　　　　　　　　　　　　　　　고마워 자존감

3

집이 파산했어요
-기회입니다

"그때 우리 집은 쫄딱 망했어."

봉사활동을 하면서 알게 된 친구의 말을 듣고 나는 속으로 놀랐다. 손에 물 하나 안 묻히고 고생 없이 자랐을 것 같은 무남독녀 이미지의 친구였다. 그녀는 곱상한 얼굴에 조신한 태도, 유난히 매끄러운 손을 가진 공주과 타입이었다. 경제적 어려움 없이 부모님 지원을 받으며 여유롭게 성장했을 것 같은 친구 입에서 '쫄딱 망했어'라는 단어가 흘러나오리라고는 전혀 예상치 못했다.

그녀의 아버지는 자수성가한 중소기업 사장님이었다. 중학교 때까지는 아침에 갖고 싶은 게 있으면 저녁에 바로 대령되었단다. 피아노,

바이올린, 발레, 수영 등등 온갖 예체능 관련 학원도 다 다녔다. 초중학교 때 이미 해외여행도 여러 번 다녀와서 다른 아이들처럼 해외여행에 대한 선망도 없었다. 인생은 분홍빛 꽃길이었고, 앞으로도 늘 신나고 즐거운 일들이 무지갯빛으로 펼쳐지리라고 생각했다. 그런데 고등학교에 입학하고 얼마 후에 IMF 외환위기가 찾아왔다. 도미노처럼 관련업체들이 줄줄이 부도를 맞더니 기어이 재앙은 아버지의 회사마저 집어삼켰다.

집안에 빨간딱지가 붙기 시작했다. 그녀는 가장 좋아했던 피아노를 내버려둔 채 도망치듯 사촌네 집으로 피신했다. 다니던 학원도 하루아침에 그만두고 원하던 예체능계열 학과로의 진학도 포기했다. 안정적인 직장이 보장되는 사범대 계열로 진로를 변경한 후 학비를 벌기 위해 아르바이트 현장에서 살다시피 했다. 그 친구와 나는 가정환경이 전혀 달랐지만 이상한 동질감을 느꼈다.

IMF 외환위기 때 우리는 파산의 쓰나미를 보았다. 국가의 파산, 기업의 파산, 개인 사업의 파산, 가정의 파산 등 위기의 파도 앞에서 줄줄이 넘어지는 사회적 재앙을 우리 세대는 피부로 겪었다. 나 혼자 쓰러지는 게 아니라 다 같이 쓰러진다는 게 그나마 위로가 됐을까? 집집마다 암울한 그늘이 드리워져 있었다. 어린 시절 6.25를 겪은 동네 할아버지들은 전쟁보다도 파산이 더 무섭다고 했다. 파산이 뭐기에? 하루도 빠짐없이 TV에 등장하는 단어의 뜻이 궁금해서 당시 고등학생이던 나는 국어사전을 펼쳤다.

고마워 자존감

파산[破産]

재산을 모두 잃고 망함.

'망했다는 거구나. 망했다는 건 구체적으로 뭐지?'

호기심에 사전을 더 뒤적였다.

망하다[亡-]

개인, 가정, 단체 따위가 제구실을 하지 못하고 끝장이 나다.

'아! 끝장이 났다는 거구나. 제구실을 못하게 됐다라.'

당시 독서 소녀였던 나는 단어가 가리키는 의미를 집요하게 파헤치는 취미를 가지고 있었다. 결국 끝장이라는 말까지 뒤적여 보게 되었다.

끝장

1. 일이 더 나아갈 수 없는 막다른 상태

2. 실패, 패망, 파탄 따위를 속되게 이르는 말

그랬다. 그때 우리는 국가적으로나 개인적으로나 막다른 상태, 더 나아갈 수 없는 절벽 끝에 몰려 있었다.

끝장을 막말로 '막장'이라고도 하는데 막장이란 인생이 갈 때까지

간 상태를 지칭하는 말이다. 끝장난 상황, 갈 때까지 간 상태가 되면 사람들은 어떻게 할까? 자포자기하고 정신을 놓든지 이를 악물고 바닥을 치고 재기하기 위해 아등바등 있는 힘을 다 짜내게 된다. 후자를 선택하는 사람들은 '독하다. 깡이 있다. 물불 가리지 않는다.' 등의 말을 들을 정도로 집념을 가지고 살아남기 위한 삶에 몰입하게 된다. 더이상 내려갈 곳 없고 더 이상 잃을 게 없는 상황을 마주하게 되면 초반엔 놀람과 망연자실, 불안함, 막막함이 엄습한다. 하지만 그 단계를 지나면 오히려 담담하고 초연해지면서 상황을 개선시키기 위해 뭐라도 해보자는 오기와 열망이 생긴다. 더 이상 물러설 곳이 없다는 위기감은 무엇이든 해나가야 한다는 절박함을 불러오고 이 절박함에서 도전 정신이 생긴다. 할 수 있을까 없을까를 고민할 시간도 여유도 없다. 그런 생각 자체도 벼랑 끝에서는 사치다.

'뭐라도 한다. 뭐든지 한다.'

이런 절박한 마음 상태는 놀랍게도 많은 것을 가능하게 한다. 심지어 자신도 몰랐던 재능을 찾거나 개발시키는 계기가 되기도 한다. 물질의 파산이 마음의 파산, 정신의 파산으로 이어지지만 않는다면 이건 기회다. 파산이라는 절망적인 상황이 역량개발이라는 의외의 보물을 찾게 하는 걸 많은 사례들을 통해 보아왔다.

일부러 파산을 권하는 건 아니다. 하지만 어쩔 수 없이 직면했다면 삶이라는 학교에서 뭔가 배울 수 있는 좋은 기회로 삼자. 바닥을 치고 오르는 과정에서 전에 써보지 않았던 근육이 움직이는 것을 느낄 수

고마워 자존감

있는 기회다.

다만 추락의 경험은 젊어서 하는 게 좋을 것 같다. 내가 아는 내공 있고 성숙한 사람들 중에는 고난의 사다리를 오르며 내면의 힘을 키운 사람들이 많다. 어린 나이에 부모님의 사업 실패나 파산을 경험한 친구들치고 나약한 사람이 없다. 하나같이 강심장이다.

그네들이 원래부터 그렇지는 않았다. 한 친구는 부모님의 빚으로 쫓기는 경험을 하면서 대담함과 유들유들한 성향이 키워졌다고 한다. 그런 성향을 키워야만 스트레스에 짓눌리지 않고 살아남을 수 있는 상황이었다고 한다. 누구는 작은 것에도 감사하는 마음을, 누구는 세심한 재정관리 감각을, 누구는 부드럽게 도움을 요청할 수 있는 협상 능력을 얻었다고 한다. 이들은 겸허함이라는 미덕까지 겸비해서 상승했으니 바닥을 치게 했던 경험들에 오히려 감사할 일이 아닌가 싶다.

흥할 일만 남았구먼 _

망하다의 반대말은 뭘까? '흥하다'이다.

흥하다[興-]
번성하여 잘되어 가다.

그런데 망하다와 흥하다가 진짜 서로 반대말일까? 흥망성쇠(興亡盛衰)라는 사자성어를 보면 마치 친구처럼 나란히 붙어 있다. 이 네 글자는 나라 또는 집안 등이 융성했다가 망하고 다시 흥하는 것처럼 돌고 도는 세상의 이치를 나타내는 표현이다. 사람의 운수와 나라의 운명이 고정되어 있지 않고 자리를 번갈아 들며 늘 변한다는 말이다. 비슷한 말로 물극필반(物極必反)이라는 사자성어도 있다. '사물의 전개가 극에 달하면 반드시 돌아온다'는 뜻이다.

"아버지 회사가 망해서 가족들이 길거리에 나앉게 생겼어요."

"창업한 사업이 적자가 나서 망하기 직전이야."

"우리 가게는 망했어요."

이런 근심어린 하소연과 마주할 때면 겉으론 함께 걱정을 해주지만 속으로는 힘차게 응원을 해준다.

'이젠 망하다와 헤어지고 흥하다와 친해질 일만 남았구먼. 배울 것을 배운 다음 치고 올라가야지!'

도자기를 만들 때 흙으로 그릇 모양을 만들고 나면 불가마에 넣고 초벌구이와 재벌구이를 한다. 불가마의 뜨거운 온도를 견뎌내고 버틴 그릇은 단단해져 좋은 상품이 된다. 열기를 이기지 못하고 금이 가거나 깨지면 쓸모없어 버려진다. 불의 연단을 이겨내야 가치를 인정받을 수 있다. 연단은 단련과 같은 말이다.

고마워 자존감

단련[鍛鍊]

1. 쇠붙이를 불에 달군 후 두드려서 단단하게 함.

2. 몸과 마음을 굳세게 함.

그 사건이 나라는 사람을 찌그러트렸는가? 아니면 나라는 사람을 성숙하게 했는가? 찌그러트렸다면 그건 재앙이다. 더 성숙하게 했다면 단련의 기회다. 재앙인지 단련인지는 받아들이는 사람이 정한다. 아이러니하게도 고난 없이 깊어지는 삶은 없다. 도종환 시인이 읊었듯이 흔들리지 않고 피어나는 꽃이 어디 있으랴.

봉사활동에서 만났던 공주과 친구는 IMF 때 집안이 망한 덕분에 자신의 인생이 꽃 피웠다고 말한다. 부모님의 돈으로 호의호식하던 자신이 다수의 알바를 병행하며 아끼고 아낀 돈으로 부모님께 생활비를 드렸을 때 스스로에 대한 자부심이 불끈 솟아올랐다고 한다. 이 친구는 무난한 삶의 불가마에서는 도저히 구워질 수 없는 단단한 우아함을 걸친 채 자신의 한계를 뛰어넘는 숱한 시도를 거듭한다. 더 이상 남이 깔아주는 비단길을 걷지는 못하지만 이제는 그보다 소중한, 아무도 가본 적 없는 큰 걸음을 내디디며 주인으로 살게 되었다고 한다.

"주저앉지만 않는다면 한 번쯤 망해보는 것도 필요한 거 같아."

담담하게 말하는 그녀에게 이렇게 답해주었다.

"백 퍼센트 동감이야!"

4

내가 너무 싫어요
– 자신에게 사과하세요

"나는 내가 정말 싫어요."

성격 기질 찾기 세미나나 소통 강의 중에 만나는 사람들에게 흔히 듣는 말 중 하나다. '내 성격이 이상한 것 같다, 나는 너무 소심하다' 술술 이야기를 꺼내다 보면 마음의 강물 밑바닥에서 '내가 싫다'는 물고기가 끌려나온다.

사람은 나름의 호불호가 있다.

"장미는 좋지만 백합은 싫어."

"녹차는 좋지만 커피는 싫어."

"파란색은 좋지만 노란색은 싫어."

고마워 자존감

"힙합은 좋지만 클래식은 싫어."

우리는 각 개인의 좋고 싫음에 대한 주관적 견해를 인정해준다. 각자 살아온 경험치 안에서 나름의 좋아하는 이유와 싫어하는 이유가 생긴 원인이 있을 테니 받아들인다. 하지만 그 싫어함의 대상이 자기 자신이 되면 그대로 인정해주기가 난감해진다.

자신을 크게 사랑하지 않아도 괜찮으니 싫어하지만은 말아달라고 부탁이라도 하고 싶다. 하지만 그것도 마음대로 되지 않는다는 것을 알기에 함구할 수밖에 없다. 집에서 키우는 강아지나 고양이에게도 하루에도 수차례 '예쁘다, 귀엽다'는 말을 해주며 끊임없이 사랑 표현을 한다. 그러면서 정작 자신은 사랑의 대상에 포함시키지 못한다는 것은 얼마나 아이러니한가.

고등학교 때 친구였던 P는 볼품없는 얼굴을 가지고 있었다. 찰흙을 동글동글 빚어 손바닥으로 꾹 눌러놓은 듯한 넙데데한 얼굴에 팥알 같은 여드름이 덕지덕지 붙어 있었다. 눈은 쌀알같이 작고 코는 뭐가 무서운지 납작 엎드려 있고 입술은 손가락 굵은 아이가 대충 빚은 듯 두툼했다. 키는 짜리몽땅하고 팔 다리는 자라다 만 듯했다. 허벅지와 종아리는 몸통만큼이나 굵고 몸매는 드럼통을 연상시켰다.

사람이 아무리 못생겼어도 찬찬히 뜯어보면 어디 한군데 예쁜 구석은 있기 마련인데 P는 예외였다. 외모가 볼품없다면 재능이나 성격이라도 타고나면 좋으련만 P는 소심하고 겁이 많았다. 발표를 하려고 자리에서 일어서면 얼굴이 빨개지고 가슴이 콩닥거려서 말 한마디 못하고 눈물만 그렁그렁했다. 공부도 못했다. 어휘 이해력이나 수학 개념 잡기가 평균 이하였다. 운동에도 소질이 없었고 노래도 음치였다. 손 재주도 없어 미술시간에 P가 그린 그림이나 작품을 보면 피식 웃음부터 나왔다.

P가 잘하는 거라곤 그저 숨 쉬고 잘 웃는 것밖엔 없어 보였다. P는 무슨 일을 하든 어설프고 실수가 잦았다. 하지만 P가 자책하거나 위축되는 모습을 본 적이 없다. 실수를 저지를 때는 일순 당혹감에 빠지지만 그 순간이 지나면 그냥 헤헤 웃고는 잊어버렸다. P는 자기 자신에게 관대했다. 반에서 제일 예쁜 아이, 공부 잘하는 아이, 운동 잘하는 아이들도 자기 자신이 싫은 순간이 있다는데 P는 자신이 싫은 적이 단 한 번도 없었다고 했다. 왜 자기 자신을 싫어하는지 이해하지 못하는 것 같았다.

P의 부모님은 몇 번의 유산 끝에 어렵게 P를 가졌다. 어떻게 생겼든 건강하기만 하면 무한 사랑을 주며 잘 키우겠노라고 부모님은 다짐했었다고 한다. P를 출산했을 때 P의 못생긴 외모에 산부인과 간호사들은 놀라기도 하고 놀리기도 했다고 한다. 친지들도 P의 외모를 보고 피식피식 웃을 정도였다고 한다. 하지만 P의 부모님에게는 건강하게 태어나준 P가 너무도 고맙고 귀한 존재였다. 못생겼어도 공부를 못해도 건강하기만 하면 고맙겠다고 생각했던 부모님의 기대대로 P는 나이가 들수록 외모가 더 못생긴 쪽으로 굳어져가고 공부도 하위권을 벗어나지 못했지만 몸 하나는 건강했다고 한다. 그런 P를 부모님은 대

고마워 자존감

견스러워하며 조건 없는 사랑을 아낌없이 보내주셨다고 한다.

"우리 딸 참 예쁘다."

"참 잘한다."

"잘 자라줘서 고맙다."

"좀 못해도 괜찮다. 그래도 사랑한다."

P가 부모님께 자주 들었던 말이다. 이 사랑과 응원의 말들이 P의 무의식에 저장되어 P는 스스로에게 이런 말을 자주 들려준다. 다른 사람이 뭐라고 말하든 어떻게 보든 자기 자신은 스스로에게 보석 같은 귀한 존재다. P 스스로 그렇게 생각해서인지 P는 외모가 예쁘지도 않고 잘하는 것도 전혀 없었지만 주변 사람들로부터 사랑과 관심을 받았다. P의 곁에 있으면 마음이 한없이 편해지곤 했다. 우리도 뭔가 많이 부족하고 모자라도 그 상태로도 괜찮을 것 같은 안도감을 느꼈다.

나라서 정말 다행이야 _

자기 자신이 싫다는 이야기를 힘겹게 꺼내는 사람들을 만날 때마다 나는 P가 생각난다. P의 자기 사랑의 마음을 떼어서 공급해줄 수 있으면 좋겠다는 생각이 들기도 한다. 'P의 부모님처럼 무조건적인 사랑과 지원을 보낼 줄 아는 부모를 만났더라면 좋았을 텐데'라는 생각도 해본다. 자기 혐오감에서 벗어나려면 P의 부모님이 P에게 한 것과 같이 조건 없는 애정을 쏟아 부어야 한다. 이것을 타인에게 바라기 전에 나 스스로가 나 자신에게 해주어야 한다. 익숙하지 않기 때문에 연습이 필요하다. 이렇게 해본다.

❶ '내가 정말 싫다.' 이런 마음이 올라오면 왜 싫은지 스스로에게 물어본다. '일할 때마다 실수를 반복하는 내가 싫다.'

❷ 부끄럽고 실망스럽고 화가 치미는 상태를 받아들인다. '아, 내가 또 실수한 나를 바보 멍청이라고 혼내고 있구나. 내가 나를 못 미더워하는구나.' 그 마음 자체를 차분히 들여다본다. '나에게 너무 화가 난다. 나에게 짜증이 난다. 실망스럽다.' 이 감정도 들여다보고 받아들인다. 올라오는 느낌을 회피하지 말고 충분히 느낀다.

❸ 그런 뒤 흘려보내기를 선택한다. 그 감정을 붙잡고 증폭시키지 않는다. 그 감정에 사로잡혀 괴로워하지도 않는다. 미움과 분노를 그저 인정하고 들여다본 다음 충분히 느낀 후 흘려보낸다.

❹ 이 과정을 담담한 태도로 반복한다. 감정이 강렬할수록 호흡이 가빠지거나 손발이 떨리거나 몸이 경직되는 반응이 나타날 수도 있다. 몸의 이러한 반응도 있는 그대로 받아들이고 긴장과 떨림을 고스란히 느끼고 지나가기를 기다린다.

고마워 자존감

❺ 그 다음에 나를 위로하고 토닥여준다. '너무 놀랐지? 지쳤지? 잘해 보려고 애썼는데 결과가 안 좋아서 마음이 힘들지? 혼날까 봐 두렵고 불안하지? 속상하지?' 불안과 두려움을 인정하고 느끼고 받아들이고 있는 자신을 제3자라 생각하고 위로해본다.

❻ 충분히 위로와 격려의 시간을 가진 후 이제 자신에게 사랑의 감정을 보내본다. '나는 그래도 내가 좋아. 사랑해.', '괜찮아. 애썼잖아. 좀 못해도 내가 좋아.' 스스로에게 사랑과 인정의 마음을 가득 보내본다. 마음이 흡족해질 때까지 쑥스러워도 스스로에게 애정표현을 해본다. 스스로를 집에서 키우는 강아지 '뽀삐'나 고양이 '야옹이'라고 생각하고 '아이 귀여워, 아이 예뻐'라는 애정표현도 매일 매일 해본다. 사실 뽀삐나 야옹이가 아무리 사랑스러워도 나 자신이 제일 소중하고 사랑스러운 존재이지 않은가.

이런 연습들을 반복해도 여전히 '내가 너무 싫어'라는 생각이 올라올 수 있다. 그때는 꼭 스스로에게 진정성을 가지고 사과하자.

'정말 미안해. 나도 모르게 또 싫다는 생각을 했네. 상처 받았지? 내가 조심할게. 내가 더 신경 쓸게. 내가 더 사랑해 줄게. 내가 내 편이 되어 줄게. 나라서 정말 다행이야. 나라서 고마워.'

5

아이가
장애 진단을 받았어요
- 복덩이입니다

장애를 가지고 태어난 아이들은 느리다. 말하는 것, 걷는 것, 옷 입는 것, 씻는 것, 밥 먹는 것, 글을 읽고 쓰는 것 모두 느리다. 평범한 아이라면 자연히 습득하는 보통의 행동을 10년쯤 걸려서야 겨우 배운다. 평생토록 못하는 것도 있다. 지켜보는 가족들은 답답하다. 걱정스럽다. 그렇게 인내를 배우고 어느 순간 포기도 배운다.

'아, 우리 아이는 한 단어로 이야기하는 게 최선이구나.'

'아, 우리 아이는 평생 눈 맞춤을 피할 수도 있겠구나.'

'아, 우리 아이는 혼자서 걷지는 못하겠구나.'

이런저런 교육과 훈련을 받지만 성장이 둔해지고 변화의 기미가 보

고마워 자존감

이지 않는 시점이 다가온다. 똑같은 장애 진단명을 가지고 있어도 언어, 인지, 신체, 사회성 같은 부분별 한계치는 천차만별이다. 지적장애 2급을 받은 어떤 친구는 '엄마 아이스크림 먹고 싶어요. 주세요.'라고 이야기하지만 어떤 친구는 '엄마 아스크 줘.'가 전부일 수 있다. 같은 뇌병변장애 2급이더라도 손으로 수저 들기가 어려운 친구가 있는 반면 서툴기는 하지만 연필을 잡고 글씨를 쓰는 친구도 있다.

보통의 어머니들이 자녀에게 거는 기대치와 달리 장애아동의 어머니들은 그저 제 손으로 옷을 입고 벗을 수 있기를, 말을 좀 알아들을 수 있게 하기를, 지 혼자 버스를 타고 다닐 수 있기를, 글씨를 읽고 쓸 수 있기를 바란다. 지극히 평범하고 지극히 당연한 일들도 허들에 부딪친다. 하루하루 기대치를 낮춰야 하니 애달프다.

"아이에게 엄마라는 소리 한번 들어보고 싶은 게 그리 큰 욕심인 걸까요?"

10살이 넘어서도 옹알이 수준을 벗어나지 못하는 어느 중증 자폐아의 어머니는 짐승 울음소리만 내는 아들을 보며 눈물을 감추지 못했다. 그러다 어느 날부터인가 아이가 엄마를 찾을 때 '어'라고 일관성 있게 표현하자 어머니는 뛸 듯이 기뻤다. 평생 '엄마' 소리는 못할 수 있다. 그러나 엄마를 알아보고 있다는 것만으로도 이 어머니는 감격에 젖었다.

"내가 엄마라는 것만 알아줘도 더 이상 바랄 게 없어요."

좌절과 슬픔 속에서 기대치를 낮추며 살아오던 부모들은 아이러니

하게도 그 낮아진 기대치 때문에 소소한 기쁨과 감격의 순간을 맞기도 한다.

우와! 이것도 할 수 있네! _

지적장애우인 막내 동생 민구는 단순하고 순수하다. 서른이 넘은 나이에도 뽀로로 인형과 호빵맨 인형을 좋아한다. 짱구 만화를 즐겨 보고 만화가 나오는 채널과 시간대를 기억하고 있다. 민구는 유치원생 수준의 어휘는 다 이해하는 편이다. 발음이 어눌하지만 아주 단순한 단어 수준으로 의사표현을 할 수 있다. 자신이 한 말을 상대방이 알아듣지 못하면 그냥 씩 웃고 넘어간다. 민구가 종이에 적을 수 있는 단어는 자신의 이름뿐이다. 거의 그리는 수준이다. 아주 간단한 단어 몇 개를 읽기도 한다. 최근에는 '부산'이라는 단어를 익혀서 부산역이나 부산시청 등 부산이 들어 있는 간판이나 표지판을 보면 반가워하며 어설프게 읽는다. 민구는 저 혼자 지하철이나 버스를 타고 시내에 다녀올 수 있다. 부모님이나 형제들과 반복해서 다녀봤던 길을 기억한다. 그러나 낯선 길은 안 된다. 민구는 돈을 주면 물건을 사올 수는 있지만 거스름돈을 계산하지는 못한다. 그저 가게 주인이 주는 대로 받아온다. 글을 읽는 데는 한계가 있으나 트랜스포머나 스파이더맨 같은 외국 영화도 볼 수 있다. 아마도 인물들의 표정이나 장면을 통해 상

고마워 자존감

황을 유추하는 것 같은데 남들이 웃을 때 웃고 긴장할 때 긴장하고 무서울 때 무서워한다. 영화관이나 공공기관에 갔을 때 화장실도 혼자잘 찾는다. 에스컬레이터는 겁내면서도 조심스럽게 올라타고 내릴 수있다. 엘리베이터는 혼자서는 타지 못한다. 누군가 동행해서 숫자를알려주고 누르라고 하면 탈 수 있다. 민구는 양치질이 서툴러 썩은 이가 많았는데 치과를 무서워해서 나이를 진득이 먹을 때까지 치료를못했다. 서른이 넘은 근래에야 엄마 손을 꼭 잡고 치료실 기계음의 공포를 이겨낼 수 있게 되었다. 돈가스를 먹을 때 도와주지 않아도 스스로 나이프를 사용해 자를 수 있다. 물론 한 입 크기로 자르기까지는시간이 상당히 오래 걸린다. 대신 잘라주고 싶은 마음에 손이 근질거리지만 진득하게 기다려준다. 민구는 인형 뽑기를 좋아하지만 근래에계속 돈만 잃는다고 생각했는지 이제 얼씬도 하지 않는다. 딱 한 번 얼떨결에 큰 인형을 뽑은 적이 있는데 한동안은 그 인형만 들고 다녔다. 민구는 사이다 한 병만 사줘도 세상 다 얻은 듯 기뻐하고 행복해한다. 민구는 정말 욕심이 없다. 민구의 얼굴에서 함박웃음이 떠나지 않는걸 보면 민구는 자신의 삶에 만족하며 행복해하는 것 같다.

민구는 서른이 넘었는데도 일곱 살 아이 수준이다. 쓸 수 있는 글씨는 자기 이름 뿐, 말도 어눌하다. 그래서 우리 가족들이 슬프고 불행한가 하면 그렇지는 않다. 민구는 우리 집안의 효자 복덩이다. 민구가있어서 웃을 일이 많았다. 넘치는 애교와 순수함으로 한결 같은 기쁨을 주고 있다. 민구가 처음으로 단어로 말하기 시작했을 때, 처음으로 대소변을 스스로 가릴 수 있게 되었을 때, 처음으로 자기 이름을 썼을 때, 처음으로 혼자 버스를 타고 나들이를 다녀왔을 때, 처음으로 혼자서 돈가스를 자를 수 있게 되었을 때, 처음으로 혼자서 인형 뽑기에 동전을 넣고 기계를 작동시켰을 때 우리는 놀라워하고 기뻐했다. 신기하고 감격스러워했다. 보통 아이였다면 전혀 기억되지 않았을 순간들이 민구가 해냈을 땐 놀라움의 순간으로 기억에 남았다. 기대치를 낮추자 생각지도 못한 기쁨들이 찾아왔다.

"우와, 민구가 이것도 할 수 있네!"

"이야, 민구가 이제 이런 것도 혼자 하네! 굉장하다!"

"우리 민구 연습하면 다음엔 저것도 할 수 있지 않을까?"

민구의 처음은 특별하다. 민구가 또 뭔가를 처음으로 혼자 할 수 있게 되면 그 순간은 우리 가족에게 행복으로 추억될 것이다. 만약 민구가 없었더라면 우리 가족이 느끼는 행복은 반감되었을 거 같다.

이 아이를 만나지 못했다면 몰랐을 것이다 _

아이가 장애진단을 받으면 어머니들은 스스로 죄인이 된다. 가족들은 아이의 미래를 걱정하며 깊은 한숨을 쉰다. 그 한숨 사이로 다른 아이와의 비교가 이루어지며 누군가를 탓하는 마음이 스며든다. 그 탓하는 마음이 모두를 힘들게 한다.

고마워 자존감

되는 것과 안 되는 것, 해줄 수 있는 것과 해줄 수 없는 것, 스스로 받아들이고 껴안아야 할 부분과 주변의 도움을 요청해야 할 부분을 빨리 파악하고 우리가 할 수 있는 것만 담담히 해야 한다. 아이의 한계와 부모가 해줄 수 있는 것의 한계를 빨리 인정해야 한다. 인정이 빠를수록 마음이 편안해진다. 오히려 초연해지면서 여유가 생긴다. 그 정도 되면 이제 아이의 장애와 싸우기보다 장애와 함께 잘 살아갈 방향을 창의적으로 모색하기 시작한다. 성장이 느린 아이를 기다려주다 보니 인내심과 끈기가 생긴다. 아이의 작은 변화도 포착해서 칭찬하고 기뻐하다보니 관찰력과 세심함, 긍정성도 생긴다. 아주 작은 것에 감사할 줄 아는 감사의 마음도 커진다. 내 아이의 장애를 품고 가다보니 타인들의 단점이나 부족함까지 품을 수 있는 포용력도 생긴다. 부족함 많은 아이를 통해 부모나 가족들은 대인배가 되어간다.

아이를 통해 배우고 성장하는 것은 정작 부모와 주변인이다. 이 아이를 만나지 못했다면 이렇게까지 넓은 마음을 배우지 못했을 것이다. 이 아이를 만나지 못했다면 이렇게까지 작은 것에 감사할 줄 아는 마음을 배우지 못했을 것이다. 이 아이를 만나지 못했다면 이렇게까지 순수한 시선을 알지 못했을 것이다. 아이 덕을 본다. 아이는 복덩이다. 그러나 그것을 발견하는 것은 각 가정의 몫이다.

아이가 처음으로 장애진단을 받으면 어머님들은 충격으로, 죄책감으로, 절망으로 한 없이 약해지면서 곧 죽을 사람처럼 삶의 의욕을 잃어버린다. 그러나 몇 년쯤 지나고 보면 곧 죽을 것처럼 우울감과 고통에 사로잡혀 있던 분들이 큰 사람이 되어 있다. 세상 그 누구보다 씩씩하게 더 활기차게 살고 있다. 복덩이와 함께 한계를 인정하고 소소한 기쁨들을 발견해가며 재미나게 살아간다. 이런 어머님들을 보며 나도 또 배워간다.

6
신이 원망스러워요
–신의 선물을 찾아보세요

"신은 해도 해도 너무했어요. 고통도 적당히 분담해서 줘야지. 이건 산 넘어 산, 또 산 넘어 산 끝나지 않을 어두운 터널 속에 들어와 있는 기분이에요."

가시밭길을 만나면 사람들은 신에게 호소하다가 원망하는 경우가 많다. 인간의 힘으로 어찌 할 수 없는 한계에 부딪히면 하늘의 도움을 받아서라도 벗어날 길을 찾고 싶은 것이 인지상정이다. 하지만 아무리 애원하고 하소연해도 도움의 기미가 보이지 않으면 하늘을 욕하고 신에게 삿대질한다.

나 역시 인생의 고비마다 고통이 쓰나미같이 몰려올 때 '이렇게까지 힘들게 하려면 뭐 하러 태어나게 했느냐. 차라리 태어나지 말게 할 것이지.'라며 애꿎은 신을 원망하고는 했었다. 어려울 때 도와주지 않는 신 따위 없는 것으로 여기고 내 힘으로 반드시 이겨내 보겠다며 이를 바득바득 갈며 악을 쓰기도 했었다. 그러다가 지치면 도대체 이런 폭풍 같은 인생 속에 던져둔 신의 저의가 뭐냐며 그거라도 알면 덜 억울하고 견디기 쉽겠다고 애원해보기도 했었다.

그랬다. 정말 신이 있다면 나를 살게 하는 의도가 무엇인지 들려주면 속이라도 시원할 것 같았다. 신은 우리가 힘들어하고 괴로워하는 것을 보면서 즐기는 것일까? 수많은 종교 경서들과 자기 계발서, 에세이집에는 신이 사람을 성장시키기 위해 연단하고 훈련시키는 것이라고 적혀 있었다. 독수리가 새끼를 절벽으로 밀어서 스스로 나는 법을 익히게 하듯 벼랑 끝에 사람을 세워놓고 그 속에서 강하고 성숙해지기를 바라는 것이라고 적혀 있었다.

하나도 와 닿지 않는 글들이었다. 부유하고 편안한 환경 속에서 즐겁게 살아가는 사람들도 많은데 어째서 굳이 나를 택해서 이런 장난질을 친단 말인가. 신이 불공평하다는 생각만 들었다.

당장은 선물인 줄 모른다 _

"기도할 때 꼭 이렇게 두 손을 모으고 해야 해요?"

고마워 자존감

언어치료 시간에 중증 뇌 병변 장애우인 한 아동이 '하나님이 너를 주셨단다.'라는 동화책 속의 하얀 곰이 아기 곰을 위해 기도하는 그림을 보고 질문한 적이 있다.

"아니, 굳이 손을 모으지 않아도 마음으로 진실하게 하면 될 거야."

"아, 나는 손이 저렇게 안 모아져요."

장애로 온 몸이 뻣뻣하게 경직되어 휠체어를 타고 다니는 친구였다. 오른손만 겨우 천천히 움직이는 게 가능했다.

"저도 밥 먹기 전에는 기도해요."

"왜?"

"밥을 주셔서 감사해야 한대요."

"오, 진짜 감사하는 마음이 들어서 하는 거야? 그냥 습관적으로 하는 거 아니고?"

"잘 모르겠어요."

"혹시 밥 말고 신에게 감사하고 싶은 게 또 있어."

별 생각 없이 가볍게 물어본 질문이었다.

아동은 한참을 생각에 잠겼다.

"내 손으로 먹을 수 있는 것도 감사해요."

"아."

"또 휠체어도 선물로 받았어요. 감사해요."

"……"

버킷 리스트가 유행한 적이 있다. 죽기 전에 하고 싶은 일을 리스트로 작성해서 하나씩 실행하며 기쁨을 느끼는 것이다. 죽음이라는 기한을 정해줘야 사람은 빠르게 질주하던 인생의 고속도로에서 내려와 자기 인생을 되돌아본다. 무엇이 더 소중하고 무엇을 놓치고 살았고 무엇을 배워왔는지 그제야 생각해본다.

꼭 죽음이 눈앞에 닥친 경우가 아니더라도 인생을 다시 돌아보고 재정리하게 되는 순간이 있다. 실연과 실직, 갑작스런 질병, 경제적 파산과 사고로 인한 장애 등을 마주하게 되면 자의가 아니더라도 우선 멈출 수밖에 없다. 그리고 무엇이 문제인지 무엇을 바꾸어야 하는지 앞으로 이겨나가기 위해 무엇을 갖추어야 하는지 곰곰이 자신을 들여다보고 생각한다.

신은 자기 인생의 주인이 되기 위한 내공을 키워보라고 여러 어려운 환경을 던져주기도 한다. 그때 원망하고 불평하며 주저앉아 버리면 성장의 기회를 놓친다. '이 상황은 나에게 무엇을 배우게 하고 어떤 힘을 키우게 하기 위해 찾아온 것일까?' 하고 분석해봐야 한다. 이 재난 같은 사건들은 지나고 보면 사실 신의 선물이고 신이 주는 기회다. 안타깝게도 받는 쪽은 그것이 선물이었다는 것을 당장에는 알지 못한다. 엄청나게 많은 시간이 흐른 뒤에야 알게 된다.

고마워 자존감

내가 받은 신의 선물 리스트 _

절망과 원망, 막막함과 괴로움의 시간을 보내고 한참 후에 나는 리스트를 작성해 본 적이 있다. 버킷리스트가 아니라 선물 리스트를. 내 인생 속에서 받은 신의 선물이 무엇인지 목록을 써내려갔다. 적을수록 기분이 묘했다.

> 나는 어머니의 자살을 통해 삶과 죽음에 대해 남다른 통찰력을 가지게 되었다.
> 나는 고물장수 딸이었기 때문에 겸허함과 강인함을 얻게 되었다.
> 나는 아버지의 파산을 통해 막다른 골목에 몰리는 경험을 해보면서 어떤 상황 가운데서도 웃을 수 있는 내공과 작은 것에도 감사할 줄 아는 마음을 배우게 되었다.
> 나는 장애우 동생을 통해 순수함과 욕심 없는 마음을 배울 수 있었다.
> 무엇보다도 나는 다양한 사건들을 경험하면서 부둥켜안을 수 있는 사람의 범위가 넓어졌다.

 엄마 잃은 딸들, 자살한 가족이나 친구로 죄책감에 빠진 사람들, 장애우를 가족으로 둔 사람들, 경제적 어려움 가운데서도 희망을 찾기 위해 애쓰는 사람들, 부모님이 다 돌아가시고 홀로 된 사람들…… 이 다양한 부류의 사람들을 깊이 이해하고 마음을 나누고 슬픔을 어루

만지고 부둥켜 안아줄 수 있게 되었다. 내가 품을 수 있는 사람들의 범위가 넓어졌다. 이 모든 것은 비슷한 경험을 직접 겪고 딛고 일어서 봤다는 이유 하나로 가능해졌다.

사랑하고 이해하고 포용할 수 있는 사람의 범위가 넓어지면 신기하게 행복도 증가한다. 신이 너무했다는 생각이 들게끔 하는 경험들을 통해 내가 얻은 것은 사랑의 확장이었다. 사랑의 폭이 넓어짐으로 누리게 된 특별한 행복이 있었다. 이 모든 걸 겪어 보지 못한 사람보다 얻은 게 많다. 인생 초반에 수도 없이 신을 원망했던 나는 이제 수도 없이 신에게 감사하고 있다. 돌아볼수록 사랑과 감사만 남아 있다.

비슷한 아픔을 겪은 사람들에게서 차 한 잔 같이하자는 연락이 수시로 온다. 생판 모르는 사람에게서 알음알음 연락이 오기도 한다. 난생처음 본 사람도 사연을 통해 이어지고 깊이 있게 연결된다. 통하게 된다. 통하면 위로가 된다. 힘이 되어준다. 사랑으로 보듬어준다. 사연으로 사연을 위로해주고 사연으로 사연을 보듬어준다. 이러한 만남들도 시간이 지나고 보니 모두 신의 선물이었다.

"선생님하고 대화하면 느낌이 좀 다른 거 같아요. 깊이 있게 이해받는 느낌이 든다고 할까. 마음이 뭉클해져요."

"아, 그건 당연해요. 저도 똑같은 일을 겪어본 동지니까요. 이심전심이잖아요."

같은 슬픔을 겪어보지 않고도 동일한 마음으로 공감해주는 고수도 세상에 많다. 그런 분들이 계셔서 다행이고 세상에도 이득이라고 생

고마워 자존감

각한다. 하지만 나는 그 정도 경지에까지 이른 사람은 아니다. 나의 공감능력과 이해심과 포용력은 전부 몸으로 체험한 경험에서 비롯된 것이다. 그런 경험들이 없었다면 그 입장과 기분을 절대 몰랐을 것이다. 시련인 줄 알았던 경험들은 나를 성숙하게 만들기 위한 신의 선물이었다. 덕분에 자기 사랑과 타인 사랑의 지수가 높은 행복한 사람이 되었다. 이러니 어찌 신을 원망할 수 있겠는가!

신이 너무했다는 생각이 들 땐 차분히 앉아서 리스트를 작성해보자. 신의 선물 리스트를. 당신이 받은 신의 선물은 무엇인가?

5장

무조건
자존감!

사람을 빛나게 하는 가장 큰 매력은 무엇일까? 자존감이다. 자존감은 권력이나 돈, 외모, 학벌을 뛰어넘어 사람을 빛나게 한다. 알라딘의 램프 요정 지니가 원하는 것 한 가지를 주겠다고 하면 당신은 무엇을 달라고 하겠는가? 나는 무조건 자존감이다.

> 자존감과 열등감은 자신을 보는 관점에 따라 결정된다. 다시 한 번 강조해서 말하지만 문제는 조건이 아니라 관점이다.
>
> _ 나를 사랑하게 하는 자존감, 이무석, p42

1

반짝반짝 빛나는
아우라를 가진 사람들

어릴 때는 힘센 친구들이 부러웠다. 고양잇과 동물처럼 운동신경을 타고나서 태권도, 검도, 달리기 등 다방면에서 월등한 실력을 보이는 친구들이 그렇게 멋져 보일 수 없었다. 싸움의 귀재들인 주인공들이 악당을 물리치는 만화를 보면서 자라다 보니 악한 세상에서 약자를 보호하고 나를 지키려면 일단 힘이 세고 봐야 한다는 생각이 뿌리 깊게 자리 잡고 있었다.

유치원 시절 나보다 키가 크거나 덩치가 큰 남자 아이들을 나이 상관없이 오빠라고 부르며 졸졸 쫓아다니곤 했다. 한번은 나보다 키가 두 배나 큰 남자아이가 너랑 나는 동갑인데 왜 오빠라고 부르냐고 물었는데 나는 이렇게 답한 걸로 기억한다.

"나보다 키 크고 힘세면 다 오빠 아냐?"

초등학교에 들어가서는 공부 좀 한다는 녀석들이 선망의 대상이 되었다. 초등학교 2학년 때 〈행복은 성적순이 아니잖아요〉라는 영화 간판이 도심 극장에서 개봉되었다. 그런데 현실은 영화 제목과는 달랐다. 저런 제목의 영화를 만든 감독은 세상물정을 너무 모르는 사람인 것 같았다. 좋은 성적은 상당한 힘을 발휘했다. 신체적 발달보다 두뇌의 힘이 더 유리하다는 사실을 간파한 나는 공부에 몰입했다. 고물장수 딸이라고 얕잡아 보며 놀리는 아이들이 있으면 성적표 가져와 보라고 당당하게 외쳤다. 고물장수 딸보다 등수가 낮으면 얼굴 들고 다니겠느냐며 성적표를 들이대면 희한하게 나보단 힘 센 사내 녀석들이 기가 죽어 아무 말을 못했다. 통쾌했다.

사춘기에 접어든 시점이 되자 여자는 똑똑한 것보다 예쁜 게 더 유리하다는 사실을 알게 되었다. 공부 좀 못해도 연예인같이 예쁘장한 외모를 가진 친구들은 어디를 가도 환영받았다. 사람들은 아름다운 얼굴을 선호했고 그런 사람의 주변인으로 있는 걸 자랑스러워했다. 고등학교 때 까칠하기로 소문났던 모 선생님은 수능을 앞두고 밤새우며 공부하던 우리들에게 의미심장한 말을 던졌다.

"애들아, 여자는 자고로 예쁘고 봐야 한다. 좋은 성적이나 좋은 대학이 좋은 직장을 잡게 해줄지는 몰라도 좋은 남자를 잡게 해주지는 않아. 너무 공부만 하지 말고 지금부터라도 얼굴 잘 가꿔라. 미모는 힘이다."

우리는 속물이라고 수군거리며 선생님을 욕했다. 하지만 시간이 지나면서 선생님의 말이 재수 없기는 했지만 맞는 말이라는 것을 실감했다. 미모라는 권력을 가진 친구들은 사회에서 관심과 인정을 받으며 승승장구했다. 미모는 상당한 재능이라는 것을 우리는 인정할 수밖에 없었다.

사회생활을 하면서 우월한 신체도 똑똑한 머리도 빼어난 미모도 이걸 능가할 수는 없다는 걸 알게 됐다.

돈. 돈은 절대 권력자였다.

세상은 돈을 가진 사람들이 좌지우지하고 있었다. 사람이 돈을 움직이는 건지 돈이 사람을 움직이는 건지 알 수 없을 정도로 돈의 힘은 막강했다. 결국 돈 있는 놈은 웃고 돈 없는 놈은 운다고, 구십이 넘은 동네 할아버지가 하는 말을 들으며 고개를 끄덕일 수밖에 없었다. 행복은 성적순이 아니잖아요? 그 말이 맞았다. 행복은 재산순이었다. 사람들이 권력을 가지려는 것도 그 권력을 이용해 돈을 끌어 모으기 위함이었다. 사람들은 자신을 지키고 가족을 지키고 행복한 인생을 살기 위해 돈을 간절히 바랐다. 한동안은 돈이 세상의 전부처럼 보였다.

그런데 자세히 관찰해보니 부자라도 다 멋있어 보이지는 않았다. 반짝반짝 빛나는 아우라를 가진 사람들은 돈의 많고 적음과 상관이 없었다. 힘이 센 사람도 머리가 똑똑한 수재도 뛰어나 외모의 미인도 돈을 많이 가진 갑부도 '자기 자신이 싫다.'라고 이야기하는 걸 자주 들으면서부터 생긴 인식의 변화였다.

놀랍게도 그들은 남들이 부러워할 만한 장점을 갖고 있었지만 그게 자기 자신을 사랑하는 데 별 도움이 되지는 않는 것 같았다. 그들은 도리어 자신에게 없는 것에 신경 쓰며 불안해하고 있었다. 또는 지금 가지고 있는 것들을 잃게 되면 자신이 볼품없어질까 봐 염려하고 있었다. 많이 가지고 있으면 가지고 있는 그것 때문에, 적게 가지고 있으면 가지고 있지 않은 그것 때문에 전전긍긍하고 있었다. 도대체 무엇을 가져야만 사람은 편안함과 여유를 누리며 행복감에 젖어들 수 있을까? 각자의 진정한 행복을 지켜줄 수 있는 힘은 무엇일까? 의문이 들었다.

'그럼에도 불구하고' 정신 _

당신은 신체가 부실하고 외모가 평균 이하이고 머리도 별로고 돈이 없는데도 마음의 여유와 행복이 넘쳐흐르는 사람을 만나 본 적이 있는가? 뭐 하나 내세울 만한 특출한 장점과 배경이 없는데도 어디서나 당당하고 밝게 웃는 사람 말이다. 그런 사람 곁에 있으면 마음이 편안해지면서 잔잔한 즐거움을 느낄 수 있다. 쫓기듯 경쟁하는 심리와 내 것을 빼앗길까 봐 불안해하는 마음도 잠시 내려놓을 수 있다. 남과 나를 비교하지 않고 부족한 나를 비관하지 않고 그저 있는 모습 그대로를 받아들이고 지금 이 순간을 감사하며 산다. 도대체 누구에게 받은 가르침인지 모르지만 그들은 자기 존재 자체에 만족하며 자기 자신으로 살아간다. 남들에 비해 내세울 건 없어도 이거 하나만은 동일하게 소유하고 있다.

자존감이다.

자존감이 심장 안에서 팔딱팔딱 뛰고 있는 사람은 몸이 불편하거나 중병에 걸렸어도 그 가운데서도 건강한 부위가 남아 있음을 발견하고 감사해한다. 자존감의 건강함을 지닌 사람은 외모가 못났어도 반듯한 내면을 가진 자기 자신을 자랑스럽게 생각한다. 자존감의 여유를 누리고 있는 사람은 총명하지 못한 두뇌로 실망하지 않는다. 똑똑함의 사회적 잣대에 자신을 끼워 맞추려고 하지 않고 평범함 속에서도 기쁨을 발견한다. 자존감을 소유한 사람은 주머니가 헐렁해도 주눅 들지 않는다. 돈의 많고 적음으로 타인을 판단하지도 않는다. 사람의 고유한 존재가치는 마이너스 통장이나 항아리 같은 외모로 결정되는 게 아님을 누구보다 잘 알기 때문이다. 그래서 자존감은 '그럼에도 불구하고' 정신이 된다.

신체적 장애를 타고 났음에도 불구하고

불치병에 걸려 시한부 인생을 살고 있음에도 불구하고

너무 못생긴 얼굴로 태어나 단 한 번도 예쁘다는 소리를 못 들어 봤음

고마워 자존감

에도 불구하고

아무리 공부해도 꼴등을 벗어나지 못함에도 불구하고

소심한 성격이 평생 동안 고쳐지지 않음에도 불구하고

찢어지게 가난한 집에 태어나 달동네 단칸방에서 살고 있음에도 불구하고

사업실패로 빚더미에 올라앉았음에도 불구하고

그럼에도 불구하고 나는 나의 존재를 소중하게 생각하고 사랑한다.

이것이 바로 자기 자신을 어떠한 상황 가운데서도 지켜낼 수 있는 자존감의 힘이다. 이 한 가지가 당신을 지켜준다. 여러분은 여러분 자신을 지키기 위해 어떤 힘을 가지고 있는가? 어떤 힘을 갖고 싶은가? 나는 이 자존감이야 말로 나를 지켜주고 나를 빛나게 하는 가장 고마운 힘이라고 생각한다.

고마워, 자존감!

2

네 존재 자체가
그냥 소중하니까

"피아노 코콩쿨에 나갔는데 마마망했어요."

"왜? 치다가 실수라도 했어?"

"아니요. 다다다른 학교 아이가 완벽하게 자자잘 쳐서 걔가 1등 했어요."

"대회에서 1등 못하면 망한 거야?"

"그럼요. 1등 모모못하면 피아노 치는 의미가 없잖아요."

"음, 그럼 그 대회에 참가한 1등 못한 친구들은 전부 의미 없는 일을 한 거야?"

"사실 그그렇죠. 1등 못 할 거면 아아안 치는 게 나아요. 괘괜히 나간 거 같아요."

　말더듬으로 언어치료를 받고 있는 초등학생 J가 목에 힘주어 말했다. J는 피아노 대회를 위해 몇 달간 집중 훈련을 받았다. 실력이 나날이 향상된다며 기뻐하던 J는 대회를 치르고 난 직후 피아노라면 신물이 난다며 넌더리를 쳤다. 자신은 몇 십 년을 연습해도 1등 한 그 재능 넘치는 친구를 뛰어넘지 못할 거라며 세상 다 산 노인네처럼 깊은 한숨을 내쉬었다. 1등도 못 할 거면서 매일 몇 시간씩 피아노 앞에 붙어서 연습하는 친구들이 바보처럼 느껴졌단다. J의 자신감은 1등 수상 실패 앞에서 바닥으로 떨어졌다.

　"어머니는 J가 피아노 대회에서 1등 못해서 서운해 하셨어?"

　"아아니요. 엄마는 내가 피아노 여여연습할 때 트릴리게 쳐도 웃어주세요. 내가 자잘 못 쳐도 그냥 피아노 치는 것만도 좋은가 봐요."

　"왜 그럴까? 엄마에겐 1등 상이 별로 의미 없는 걸까?"

　"음, 내가 1등 상 바받아오면 좋아는 하실 건데 못 받아도 사상관 없어 하시는 거 같아요."

　"왜 그러실까?"

　"사사상보다 내가 더 소소중하니까?"

　"J가 피아노 연습을 오래했는데도 1등 상을 못 받고 언어치료를 오랫동안 했는데도 말더듬이 계속되면 어머니가 J에게 화를 내고 J를 싫어하실까?"

　"아아니요. 소속상해는 하시겠지만 나를 시싫어하지는 않으실 거예요."

"왜?"

"엄마는 그그냥 나를 좋아하니까요."

"맞아, 어머니는 네가 피아노를 잘 치든 못 치든, 말을 더듬든 안 더듬든 상관없이 그냥 너를 좋아해 주시지. 그게 조건 없이 사랑해준다는 거야."

"이이상해요. 어떻게 그그럴 수 있어요?"

"네 말대로 네 존재 자체가 그냥 소중하니까 그렇지. 네가 '나는 피아노 재능을 타고 나지 못했으니 피아노 칠 자격이 없어. 나는 말을 더듬으니 말할 자격이 없어. 나는 이거도 못하고 저거도 못하니 다른 친구들보다 못났어.'라고 한다면 어머니는 뭐라고 이야기하실 거 같아?"

"다른 사사사람 신경 쓰지 말고 하하하고 싶은 대로 하라고 하실 거 같아요."

"맞아. 다른 사람들과 비교하지 말고 네가 하고 싶은 걸 하면 되는 거야."

"그그래도 될까요?"

"그럼. 어머니는 네가 뭘 잘하든 못하든 너를 좋아해주시는데 너 자신은 다른 사람보다 피아노도 못 치네 말도 못하네 하면서 스스로 구박하면 어머니가 슬퍼하시겠지. 너희 어머님 같은 분도 없어. 어머님이 너를 대하듯 너 자신을 대해줘."

고마워 자존감

자신감이야? 자존감이야? _

J의 어머니와 나는 J의 언어치료 목표를 말더듬 완치에 맞추지 않았다. 치료를 받으면 일시적으로 말더듬이 완치된 것처럼 보여도 긴장 상황을 마주하면 다시 나타나기도 한다. 당장은 개선된 것 같아 보여도 성인이 된 어느 날 다시 재발할 수도 있다. 내가 '말을 심하게 더듬으면서도 자신이 하고 싶은 말을 당당하게 할 수 있는 마음 자세'를 만들어 주는 게 더 중요하다고 했을 때 J의 어머니는 적극 수긍해주셨다. 키가 작은 것처럼, 시력이 나빠서 안경을 쓰는 것처럼, 몸의 어느 부위에 화상 자국이 있는 것처럼 말더듬도 하나의 불편한 증상일 뿐이다. 이 때문에 자신을 수치스럽게 생각하고 위축되면 안 된다.

말을 더듬는 증상을 가지고 있더라도 혹은 이것을 평생 고치지 못한다 하더라도 너 자신은 훌륭하고 괜찮은 사람이라는 메시지를 어머님과 내가 일관성 있게 전달해서인지 J는 말더듬 때문에 위축되는 모습은 전혀 보이지 않는다. 수업시간에 발표를 하거나 친구들과 토론을 하는 자리에서도 거침없이 하고 싶은 말을 다 한다고 한다. 대신 학교와 학원의 보상 방식에 너무 길들여진 게 문제였다. 학생들의 자신감을 키워주기 위해 상이나 상품으로 독려하는 분위기 속에 젖어 있다 보니 수상 여부에 따라 자신감이 치솟았다 곤두박질치기를 롤러코스터 타듯 했다. 상을 받으면 나는 유능하고 괜찮은 사람이고 상을 못 받으면 나는 무능하고 별 볼일 없는 사람이 되었다.

"나는 자신감은 넘치는데 자존감은 낮은 거 같아요."

이런 이야기를 하는 사람들이 있다. 이 말은 외부조건의 잣대로 자신의 가치를 평가해 왔다는 말이다. 자신감과 자존감이 화두가 되는 시대여서 그런지 요즘 사람들은 자신감과 자존감이 다르다는 것을 잘 알고 있다. '자신감'은 외적인 요소의 영향을 받는다. 우리 집에 돈이 좀 있거나 좋은 학교, 직장을 다니거나 특출한 재능이 있거나 외모가 남들보다 멋지면 어깨가 으쓱해진다. 사람들 앞에서도 당당하고 말에도 힘이 있다. 타인과의 비교에서 우위를 선점했으니 우쭐하다. 나는 남보다 좀 나은 존재인 거 같다.

반면 '자존감'은 외부 요소가 아니라 내적 요인에 기인한다. 나는 남들보다 부족한 것이 많을 수도 있다. 일을 할 때마다 실수투성이다. 노력해도 개선되지 않는 부분이 많다. 외모도 형편없다. 사람들은 나를 별 볼 일 없는 존재로 본다. 그래도 나는 나 자신이 소중하고 사랑스럽다. 나라는 사람으로 태어난 게 감사하다. 나는 남과 상관없이 고유한 가치를 지닌 존재이다. 남보다 잘난 거 하나 없지만 그래도 내가 나라서 참 좋다.

자신감은 외부의 좋은 조건이 사라지면 같이 사라진다. 사업이 잘되고 승진을 하고 1등을 할 때는 동창회나 사람들 앞에 잘 나오고 나서던 사람이 사업이 망하고 실직을 하고 이혼을 하면 자취를 감추고 숨어버린다. 친구들의 연락도 받지 않는다. 자신의 비참해진 사정을 다른 사람들이 알게 될까 봐 숨기기에 전전긍긍한다. 다시 쨍하고

고마워 자존감

해 뜰 날이 와서 재기에 성공하며 그때 당당하게 나서야겠다고 다짐한다.

자존감은 외부의 좋은 조건이 사라져도 상관이 없다. 자존감이 높은 사람은 사업이 망해도 동창회에 나온다. 내가 너무 힘든 상황 가운데 있으니 응원을 해달라고 한다. 이제 돈이 없으니 밥값은 너희가 내달라고 솔직하게 이야기한다. 내가 이혼을 해서 외롭고 슬프니 너희가 위로를 해달라고 자연스럽게 표현한다. 자신의 나쁜 상황을 숨기지도 않고 그런 환경으로 인해 기죽지도 않는다. 슬프고 기가 막히지만 그럼에도 불구하고 다시 힘을 내려고 애쓰고 있는 자신을 대견하게 여기면서 자신의 존재가치를 훼손시키지 않는다. 진흙탕 같은 상황 속에서도 남 탓을 하거나 자신을 구박하지 않고 스스로를 귀하게 여기는 사람은 다른 사람도 함부로 대할 수 없다. 자존감이 높은 사람은 벼랑 끝에서도 빛이 난다.

J가 몇 년을 훈련해도 말더듬이 나아지지 않고 몇 달을 연습해도 피아노 대회에서 수상하지 못하고 성적이 바닥을 벗어나지 못해도 어머니에게 J는 여전히 사랑스럽고 귀한 아들이다. 어머니가 J를 바라보는 시선으로 우리는 우리 자신을 바라볼 수 있어야 한다.

우리가 추구해 온 것은 자신감일까? 자존감일까? '말을 잘할 수 있기 때문에 나는 당당할 수 있다.'라고 생각하는 사람일까, '말을 계속 더듬는다 해도 나는 괜찮은 사람이다.'라고 생각하는 사람일까? 한 글자 차이지만 결과는 하늘과 땅 차이이다.

3

외모를 이기는
자존감

나의 남자친구는 나보다 8살 연하의 멘사 회원인 아주 두뇌가 명석한 영재다. 내가 처음에 8살 연하를 사귀기 시작했다고 했을 때 주변 사람들은 박장대소했다. 네가 한혜진이냐 백지영이냐 연예인도 아니면서 생긴 것도 유재석 닮아가지고 웃기는 소리 좀 그만하라고 했다. 내가 진지하게 사실이라고 덧붙이자 다들 눈이 휘둥그레지면서 능력도 좋다고 너무 놀랍고 신기하다고 했다. 나는 이게 왜 놀랍고 신기한 일인지 잘 모르겠다, 이런 일에 놀라워하는 당신네들이 더 신기하다고 대답했다. 8살 연하가 뭐 그리 신기하다고 호들갑들을 떨까? 아마도 이런 생각들을 품고 있었을 것이다.

고마워 자존감

'나이도 많은 네가 어떻게!'

'예쁘지도 않은 네가 어떻게!'

'몸매가 좋지도 않은 네가 어떻게!'

'스타일도 촌스러운 네가 어떻게!'

'금수저도 아닌 네가 어떻게!'

'유재석을 닮고 황비홍처럼 이마 훌렁 까진 네가 어떻게!'

한국 남자 백 명을 모아놓고 이상형을 물어보면 백이면 백 전부 예쁜 여자라고 답할 것이다. 거기에 나이가 어린 것이 추가되어 '젊고 예쁜 여자'면 금상첨화일 것이다. 그러한 남성의 기대에 부응하기 위해 한국의 많은 여성들이 화장이나 성형을 통해 미인 대열에 합류하려고 몸부림을 친다. 그러나 몸부림을 치는 것에 비하면 한국 여성은 외모에 대한 만족도가 상당히 낮다. 성형외과가 성행하는 것을 보면 알 수 있다. 못생긴 여자가 결혼하려면 2세 성형시술 비용은 마련해서 가야 한다는 씁쓸한 유머가 돌 정도다. 얼굴뿐 아니라 가슴과 몸매도 다 뜯어 고치고 싶어 한다. 눈은 누구처럼 코는 누구처럼 연예인들과 같은 얼굴로 살면 행복할 거라는 기대감으로 성형을 시도한다. 심지어 한두 번의 성형으로 만족할 만한 얼굴이 되지 않으면 여러 차례 시술을 감행하기도 한다. 성형 중독이 되는 것이다. '무엇을 위해 많은 돈과 시간을 들이며 고통을 감수하는 수술을 하는가?'라고 물으면 외모 지상주의 사회에서 좋은 직장을 얻기 위해서, 멋진 남자를 만나기 위해서 또는 자기만족이라고 답한다. 결국은 자신이 더 행복해지기 위한 선택인 것이다. 성형을 통해 잡은 행복의 유효기간은 얼마 정도일까? 외모의 아름다움을 행복의 가치기준으로 삼는다면 성형한 얼굴이 나이 들어 아름다움을 잃어 가면 그 상실감을 견딜 수 있을까? 뜯어 고친 얼굴을 좋아하는 남자라면 외면을 중시하는 사람일 텐데 더 아름다운 외모를 가진 사람이 나타나면 사랑이 옮겨가지 않을까? 그런 남자의 마음에 들기 위해 비싼 돈과 시간과 고통을 감수하며 성형을 감행해야 할까? 여러 가지 의문에도 불구하고 성형외과의 문을 두드리는 사람들은 늘어가고 있다.

"채 선생님도 쌍꺼풀 정도는 해요. 키가 작은 건 어쩔 수 없지만 다른 부위는 노력으로 어떻게 할 수 있잖아요?"

외모를 인위적으로 바꿔봐야겠다는 생각을 태어나서 단 한 번도 해본 적 없는 나에게 한 번씩 저런 이야기를 하는 사람들이 있다.

"내 눈이 어때서요? 동양적이고 아주 매력적인데. 나는 쌍꺼풀이 없어서 내 눈이 마음에 드는데요?"

"에이, 그래도 너무 작아서 보는 사람이 답답하잖아요. 쌍꺼풀하면 눈도 더 커지고 1.5배는 예뻐진다구요."

"나는 지금도 충분히 예쁘다고 생각해요."

상대는 황당하다는 눈빛으로 나를 바라본다.

"그럼 앞머리라도 내리고 다니세요. 이마가 홀랑 까져서 뒤로 물러나 있는데 앞머리가 없으니 황비홍 머리 같잖아요. 만주벌판도 아니고 까져도 너무 까졌어요."

고마워 자존감

"이마가 넓으면 복이 들어온다는데 굳이 앞머리로 가릴 필요 없는 거 같은데요."

"미용상 앞머리 내리는 게 더 예쁘니 내려보라는 거잖아요."

"앞머리 있으면 눈에 찔리고 제가 불편해서 싫어요. 다른 사람 보기에 덜 예뻐도 내가 편한 쪽을 택할래요."

"고집은. 어쨌든 나이 더 들면 보톡스 정도는 맞으세요. 주름이 지금도 자글자글한데 마흔 넘으면 얼굴에 지렁이 기어가는 거 같을걸요. 그럼 연하 남자친구가 할매는 싫다며 도망갈지 몰라요. 자기만 생각하지 말고 남자 친구 입장도 생각해야죠."

"잘 웃어서 생긴 주름인데 그게 어때서요. 주름도 내 일부예요."

나의 주변 사람들은 8살 어린 연하 남자친구가 외모를 크게 신경 안 쓰는 나를 버리고 도망갈까 봐 나보다 더 걱정을 해준다. 우리가 빨리 헤어질 거라고 주시하며 지켜보던 대다수의 주변인들은 우리의 알콩달콩 성숙한 연애가 5년차를 넘기고 계속되자 천생연분이 맞는가 보다 하며 박수를 보내주게 되었다.

대체 왜 저리 당당해? _

나는 시간이 흘러도 도망가지 않고 곁을 지키는 연하의 남자친구에게 단도직입적으로 물어본 적이 있다.

"자기, 내가 더 나이 들어 할매같이 주름 많아지면 젊고 예쁜 여자 찾아갈 거야?"

"무슨. 이미 할매인 거 알고 선택한 건데. 외모를 따졌으면 애초에 선택을 안 했지."

"뭐라고? 욕이야 칭찬이야?"

"어리고 예쁜 건 잠깐이지. 경국지색도 어차피 시간과 함께 한물간 다고. 게다가 미모라는 거 피부 한 커플만 벗기면 근육, 힘줄 덩어리인 데 큰 의미가 있나. 시간이 흘러도 변하지 않을 요소를 보고 선택한 거니 걱정 같은 거 하지 마소."

"나의 어떤 매력에 반한 거야?"

"허언증."

"뭐라고?"

"스스로를 아름답고 위대하고 매력적이라고 늘 말하잖아. 그 허언증에 낚인 거지. 대체 왜 저리 당당해? 이상하고 관심이 가더라고."

"무슨 소리야 허언증이라니! 난 진실을 이야기한 거뿐이야. 난 정말 귀엽고 훌륭하다고. 이런 멋진 여자는 오래 오래 사는 게 주변 사람들과 지역사회와 국가와 세계에 이로운 거라고."

"네네 알겠습니다. 허언증 할매님."

"어이 할매라니. 여왕님이시오. 여왕님으로 안 부르면 일주일 동안 만나주지 않겠소."

"할매라고 부르는 게 더 정감 있고 좋다고."

"어허 감히 여왕님께 망언을! 만남 금지령을 당해봐야 정신 차리겠소?"

"하여튼 허언증 여왕님! 이길 수가 없다니까."

2017년 5월 프랑스 새 대통령으로 당선된 젊고 총명한 30대 마크롱 대통령의 부인은 25세 연상의 60대 여성이다. 세간에서는 늙은 여우가 순진한 사람 홀렸네 어쩌네 하지만 프랑스라는 선진국의 대통령 정도 될 만한 사람이 마냥 순진하기만 했겠는가. 25세 연상의 늙은 외모라는 리스크가 전혀 걸림이 되지 않을 정도로 매력이 넘치는 멋진 여성인 것이 분명하다. 그녀에게는 참으로 똑똑하고 현명한 남자들만이 빨리 포착할 수 있는 매력 포인트가 있을 것이다.

한국 남자 백 명을 모아놓고 이상형을 물어보면 백이면 백 전부 예쁜 여자라고 답할 것이다. 하지만 외면의 예쁨보다 내면의 예쁨에 가치를 두는 남자들도 상당히 많다. 내면의 진가를 알아보는 진국 남자를 만나기 위해 내면을 성형하기 위한 노력을 해보는 게 더 가치 있지 않을까?

내가 만나본 멋진 여성들 중 성형을 한 사람은 본 적이 없다. 그들은 자신의 외적인 단점을 편안하게 받아들인다. 혹은 타인이 단점이라고 생각하는 부분을 자신은 단점이 아니라고 여기거나 오히려 장점으로 생각하는 경우도 많다. 그들은 있는 모습 그대로의 자기 모습에 자부심을 가지고 스스로를 사랑한다. 그런 그녀들의 옆에는 내적 가치를 알아보고 변치 않는 사랑을 약속하는 진국남자들이 줄을 서있다. 여

자의 매력은 외모다. 하지만 외모보다 여자를 더 빛나게 하는 건 자존
감이다.

4

너는 너 자신을
뭐라고 부르니?

"태어날 때부터 바보였던 사람이 있고 누군가 바보로 불러서 바보가 된 사람도 있지. 그리고 또 태어날 때부터 괴물이었던 사람이 있고 누군가가 괴물로 바라보고 괴물로 불러서 괴물이 된 사람도 있단다. 아빠는 널 어떻게 보니? 어떤 눈으로 봐?"

사이코패스 살인마 청년이 프로파일러 아버지를 둔 아이에게 묻는다. 2015년에 방영된 KBS드라마 〈너를 기억해〉는 사이코패스와 프로파일러의 이야기다. 프로파일러는 범죄 사건의 정황이나 단서들을 분석해 용의자를 찾아가는 범죄심리 분석관이다.

어린 아이였던 주인공은 프로파일러인 아버지를 만나러 경찰서에

왔다가 잡혀왔던 사이코패스 살인마와 우연히 대화를 나눈다. 아이와 대화 후 사이코패스 청년은 당신 아들이 나랑 비슷한 면이 있는 거 같다고 주인공의 아버지에게 말한다. 평소 아들의 질문이나 행동에서 사이코패스적 성향을 발견한 주인공의 아버지는 고민 끝에 아들을 지하실에 격리시킨다. '너를 세상으로부터 지키고 또 세상을 너로부터 지키기 위함'이라고 하며 잠재적 살인마일 수 있는 아들을 고치려 한다. 어린 아들은 아버지의 노트에 이렇게 적혀 있는 것을 본다.

'아무래도 내 아들이 괴물인 거 같다.'

어릴 적 시골에 살 때 마을에 천덕꾸러기 사내아이가 있었다. 동네 사람들은 온갖 말썽을 다 부리고 다니는 그 친구를 똥개라고 불렀다. 모든 사람들이 당연하다는 듯이 그렇게 부르니 나는 그 친구의 이름이 진짜 똥개인 줄만 알았다. 놀랍게도 그 호칭의 시작점은 그 친구의 아버지였다.

"똥개야, 똥개야, 밥 먹어라."

천박한 호칭으로 부르지 말라고 남편을 타박하던 그 친구의 어머니도 어느 날부터는 똥개라고 부르고 있었다. 부모가 똥개라고 부르니 동네 사람들도 자연스럽게 똥개라고 부르게 됐다. 똥개의 장난은 해를 넘길수록 수위가 높아져 동네 어른들의 인상을 찡그리게 했다. 여자아이들 머리카락을 잡아당기며 못살게 굴거나 남의 장독대를 돌로 깨부수는 것은 기본이었다. 길에 함정을 파놓고 행인을 골탕 먹이거나 농사짓는 도구를 망가뜨리기도 했다. 그의 아버지가 몽둥이를 들어도 말썽은 멈추지 않았다. 동네 어른들은 입버릇처럼 똥개 때문에 못 살 겠다, 똥개만 없으면 살기 좋은 마을이 될 것 같다고 푸념했다. 똥개는 어느새 동네 사람들의 공공의 적이 되었다.

미안하게도 나는 똥이나 개라는 단어가 나오면 그 친구가 떠올랐다. 길을 가다 똥을 싸는 강아지나 똥을 먹는 강아지를 봐도 그 친구가 떠올랐다. 우리 가족이 이사를 가면서 똥개 소식은 못 들었지만 나는 두고두고 똥개가 어떤 어른이 되었을지 궁금했다.

반면 '영웅'이라 불리던 친구도 있었다. 무협지를 좋아했던 그 친구의 어머님은 처녀 적부터 아들을 낳으면 이름을 영웅이라 지으려고 벼르고 있었다고 한다. 하지만 돌림자를 따지는 집안에 시집을 온 탓에 그 이름을 고집할 수 없었다. 그래도 그 어머니는 영웅이라는 이름을 포기하고 싶지 않아 아들의 애칭으로 삼았다. 어머니 때문에 영웅이라는 호칭이 더 친숙해진 친구는 본 이름이 불리면 오히려 어색했다고 한다.

영웅이는 의리가 있었다. 키가 작았지만 약자를 위해 키 큰 아이들과 싸우는 것도 마다하지 않았다. 영웅이의 도움을 받아보지 않은 아이는 눈 씻고 찾기 어려울 정도였다. 영웅이는 발표를 잘했다. 축구도 잘했다. 봉사활동도 잘했다. 씩씩하고 용감하고 예의바른 영웅이를 누가 싫어할 수 있었을까. 슈퍼맨이나 스파이더맨, 배트맨 등의 영화를 볼 때마다 영웅이가 떠오르는 건 당연한 일이었다.

나는 나를 여왕님이라고 불러 _

어르신들의 말마따나 사람은 이름값을 한다. 사실 별명 값도 한다. 오랜 기간 반복해서 불린 호칭은 힘이 있다. 그 호칭대로 실제 삶이 흘러가는 사례도 종종 있다. 이 호칭은 그 사람의 존재를 대변하는 분신이다. 한번 붙여진 별명이나 애칭은 좋은 거든 나쁜 거든 사람들의 인식에 딱 달라붙어 그 사람의 존재를 어필한다.

우리 아버지는 지적장애가 있는 막내 동생 민구를 효자 복덩이라고 불렀다. 효자 복덩이 민구는 말도 제대로 못하고 글씨도 못 읽고 돈도 벌어 오지 못했지만 효도는 했다. 민구는 아버지 곁에 찰떡같이 달라붙어 기꺼이 잔심부름을 도맡았다. 고물장수였던 아버지가 팔다리가 쑤시다고 하면 어깨고 팔이고 다리고 붙잡고 아버지가 됐다고 할 때까지 주무르곤 했다. 아버지의 시시한 농담에도 민구는 배를 잡고 깔깔거리며 재미있어 했다. 아버지가 일을 못하는 연세가 되자 산책동무도 되어주고 이야기 동무도 되어주었다. 효자 복덩이 민구는 자식들 중 유일하게 아버지의 임종까지 지켰다.

"야가 말은 못해도 효자 노릇은 톡톡히 할 거다. 효자 복덩이 민구가 최고다."

입버릇 같았던 아버지의 말대로 민구는 아버지에게 효자 노릇을 제대로 했다. 그리고 지금은 새엄마 영옥 씨의 곁에서 효자 노릇을 잘하고 있다. 아버지가 민구에게 붙여준 '효자 복덩이'란 호칭이 이름값을 해낸 것이다.

부모나 선생님, 어른들은 아이에게 애칭이나 별명을 붙여 줄 때 고심해야 한다. 농담 삼아 장난삼아 대충 재미있으라고 붙인 이상한 호칭은 그 아이의 삶을 이상한 길로 이끌기도 한다. 또는 깊은 상처가 되기도 한다. 눈이 작아 어릴 때부터 '단추 구멍'이라고 불린 어느 여선생님은 단추라는 말만 들어도 몸서리를 쳤다. 발표를 해야 하는 순간마다 사람들이 자신의 작은 눈을 보고 속으로 '단추 구멍'이라고 비웃는 것은 아닐까 늘 진땀이 났다고 한다. 섬마을의 햇살을 받고 자라 얼굴이 유독 까맣던 어떤 친구는 '국산 연탄'이라고 불리곤 했다. 가족들부터가 재미있다며 연탄이라 부르기를 즐겼는데 그 친구는 사춘기 때 피부를 벗겨내고 싶은 충동까지 느껴봤다고 한다. 심지어 내 잘못도 아닌 부모의 결점이 호칭으로 따라붙는 경우도 흔하다. 알코올중독자의 딸이라거나 과부의 아들 등등.

"동네 사람들은 저를 정신병자의 딸이라며 뒤에서 수군대요. 선생님들은 전교 꼴등이라 부르고요. 친구들은 못난이라고 해요. 이런데 어떻게 내가 나를 좋아할 수 있겠어요."

자존감 상담 요청으로 만났던 어느 여학생은 모든 사람들이 자신을 기피하고 싫어한다며 태어나지 말았으면 좋았겠다고 했다.

"나는 말이지 자살자의 딸, 고물장수의 딸, 파산한 집의 가족원, 장애인의 누나야. 그건 사실이지. 하지만 나는 나를 여왕님이라고 불러. 그런 사실들과 내가 여왕이기로 선택하는 것은 아무 상관이 없거든.

다른 사람들은 너를 정신병자의 딸, 전교 꼴등, 못난이라고 부른단 말이지. 그런데 너는 너 자신을 뭐라고 부르니? 너는 너를 뭐라고 부르고 싶어?"

그 여학생은 한참 동안 입을 열지 않았다. 눈물이 그렁그렁해져서는 오랜 시간 고민해보고 자신에게 가장 좋은 호칭을 붙여주겠다고 말하고 돌아갔다.

사실 주변 사람들이 나를 어떻게 부르는지보다 내가 나를 뭐라고 부르는지 여부가 더 중요하다. 부모나 친척, 친구들, 학교 선생님, 주변인들이 나를 지칭하는 호칭이 마음에 들지 않으면 자신의 가치에 상응하는 호칭을 자기가 정해서 스스로 불러주면 된다. 남이 붙여준 호칭에 상처받고 기죽고 고통스러워할 필요가 없다. 나의 가치는 내가 알아주면 된다. 호칭을 바꾸면 행동이 바뀌고 내가 앞으로 서게 될 자리가 달라진다. 그럼 쓴맛이 아니라 꿀맛을 맛보게 될 것이다.

드라마 〈너를 기억해〉에서 자신을 괴물이라고 의심하는 거 아니냐고 묻는 성인이 된 남주인공에게 여주인공은 이렇게 말한다.

"괴물은 아니라고 생각해. 그러니까 당신 스스로 자신을 그렇게 생각하지 마. 그렇게 생각한다면 당신이 틀렸어."

고마워 자존감

#

내 삶을 누구와도
바꾸지 않아

그녀는 대기업 총수 후계자와 정계 거물 큰손녀의 외동딸이었다. 방이 몇 개인지도 알 수 없는 큰 저택의 귀한 아가씨였고 어머니를 닮아 빼어난 미모와 지성을 겸비한 그야말로 팔방미인이었다. 상류계층 아이들만 입학이 가능한 귀족학교의 우등생이었고 유능한 박사들의 개인교습을 받으며 부모님의 뜻대로 외국으로 나갈 준비를 하고 있었다. 경제적으로 부족한 것 없이 풍족했던 그녀는 가지고 싶으면 모든 것을 쉽게 얻을 수 있었다.

그러나 그녀의 마음은 늘 뭔가 부족하고 허무한 감정에 시달렸다. 시간이 지날수록 꽉 짜인 하루하루가 부담스럽고 숨이 막혔다. 사업 때문에 바쁘신 아버지와 사교계 활동이 왕성한 어머니는 좀처럼 대화의 시간을 내어주지 않았다. 한번은 부모님께 아르바이트를 해서 스스로 돈을 벌어보고 그 돈으로 어려운 나라에 가서 얼마 정도 봉사활동을 해보고 싶다고 진지하게 말씀드렸다가 '세상물정 모르는 어린애'라는 핀잔만 들었다. 부모님의 명령은 절대적인 것이어서 어길 수가 없었다. 그녀는 자신의 뜻을 쉽게 굽혔다. 답답했지만 부모님이 제공하는 경제적 풍요로움을 누리며 가라는 학교에 가고 이미 마련되어진 자리에 앉아 회사 경영도 했다.

그렇게 무료하게 살아가던 어느 날 그녀는 전문의에게서 불치병이라는 진단을 받았다. 치료약도 수술방법도 없었다. 재력으로도 지위로도 자신의 능력으로도 죽음을 피할 수 없게 된 그녀는 허탈했다. 방이 몇 개인지도 알 수 없는 큰 저택의 커다란 침대에서 죽음을 맞으며 그녀는 간절히 기도하며 하소연했다.

"어떻게 이럴 수가! 너무해! 세상은 정말 불공평해. 난 아직 하고 싶은 게 있는데…… 만약에 다시 태어날 수 있다면 조금은 가난한 집, 형제들이 많은 집에 태어날 테야. 내 스스로 돈을 벌어 가족을 부양하는 기쁨도 맛보고 나의 장래에 대해서 내가 자유롭게 선택하고 스스로 나아갈 수 있도록 할 거야. 그 누구의 간섭도 받지 않을 거야. 못난이로 태어나도 좋아. 바보 멍청이라도 좋아. 형편이 어려워도 좋아. 다시 태어날 수 있다면 절대로 모든 것이 다 갖추어진 이런 무료한 삶을 살진 않을 테야. 고통과 고난을 피부로 느끼며 헤쳐 나가는 짜릿하고 역동적

고마워 자존감

인 삶을 살 테야. 두고 봐. 그렇게 살아 보일 테니까. 제발 다시 한 번 더 태어나게 해줘!"

그녀는 눈을 감았다. 그리고 다시 눈을 떴을 땐 모든 것이 전과 달라져 있었고 너무나 행복했던 그녀는 감격해서 울었다. '응애' 하고. 그리고 몇 년째 그렇게 죽기 직전에 원하던 삶을 살고 있는 그녀. 그런데 예전의 기억을 모두 잊고 태어난 그녀는 가끔씩 자신의 전생과 같은 부유하고 호화스러운 계층의 삶을 부러워하기도 하고 자신의 어려운 처지를 한탄하며 하늘을 원망하기도 한다. 그래서 그녀가 원하는 걸 다 들어준 하늘은 어리둥절해한다. 그녀는 바로 지금 이 글을 쓰고 있는 나다.

이 글은 집안의 빚을 해결하기 위해 학교를 자퇴하고 작은 사무실에 취직해 고군분투하며 애쓰던 시기에 내가 적어둔 글이다. 당시의 고단했던 삶을 스스로 위로하고 힘을 내려고 적었던 것 같다. 현재의 고생스러운 삶이 사실은 내가 원해서 선택한 삶이었다면 한결 덜 힘들게 느껴질 듯했기 때문이다. 자발적 가난, 자발적 고생은 숭고하게 느껴지기까지 한다. 사람들은 스스로 선택한 것에는 자부심을 느끼기 때문이다. '그래! 이 모든 상황이 사실은 내가 간절히 소망하고 원했던 삶인 것으로 하자!' 이런 인식 전환을 통해 당시의 고통을 덜어보려 했던 것 같다.

자판기에 동전을 넣고 음료수를 골라 뽑듯 인생을 고를 수 있었다면 나는 어떤 인생을 골랐을까? 옷을 사고 마음에 들지 않으면 반품하거나 교환하듯 인생을 반품하거나 교환할 수 있다면 나는 내 인생을 반품했을까? 배스킨라빈스에서 아이스크림 고르듯 인생을 각자가 원하는 색깔로 고를 수 있으면 좋지 않았을까? 나는 살면서 어려운 상황에 부딪힐 때마다 저런 생각들을 해보곤 했다.

로또 맞은 내 인생 _

나는 살면서 부러워할 만한 외모, 학력, 가문, 직장, 배우자, 집, 재능을 가진 사람들을 많이 만나왔다. 입이 떡 벌어질 만한 조건을 타고난 친구들을 보면서 하늘이 너무 불공평하다고 원망해본 적도 있다. 하지만 부럽기는 하지만 그렇다고 그들과 인생을 통째로 바꾸겠냐고 하면 단연코 NO다. 나는 내 인생이 좋다. 나의 경험들, 만난 사람들, 거기서 알게 된 지혜들 그걸 다른 것과 바꾸고 싶지는 않다. 산전수전 공중전을 다 겪으면서 얻게 된 삶에 대한 혜안을 무엇과 바꿀 수 있을까.

고물장수 딸이 아니라 대기업 회장의 딸이나 대통령의 딸로 태어났다면 더 행복했을까? 물질적인 풍요로움과 자유로움은 더 누릴 수 있었겠지만 삶의 구석진 부분, 밑바닥 같은 부분에서부터 굴곡진 삶들을 피부로 느껴보고 지켜보며 마음 깊숙이 알게 된 사람과 인생에 대한 묘미까지는 알 수 없었을 것이다. 벼랑 끝에 서서 거센 비바람을 온

고마워 자존감

몸으로 견뎌낼 때만 발견할 수 있는 내면의 강인함을 평생 마주해보지 못했을지도 모른다. 외부적인 조건에 연연하지 않고 오로지 나 자신의 존재 가치만으로 자신을 존중하고 대견스러워할 수 있는 진짜 자존감이 뭔지 알지 못했을지 모른다. 이런 것은 고물장수의 딸이었기 때문에 알 수 있고 얻을 수 있었던 것들이다. 이 인생을 다시 한 번 살아보라면 또 살아낼 자신은 없다. 하지만 이 인생을 다른 인생과 바꾸고 싶지는 않다. 나는 내 인생이 로또 맞은 인생이라고 생각하기 때문이다.

어릴 때부터 엄청난 분량의 위인전과 자기 계발서를 읽어 온 나는 세상의 훌륭한 인물들을 수도 없이 많이 알고 있다. 독립투사, 과학자, 인권 운동가, 성직자, 정치인, 예술가, 대통령 등등 다들 존경할 만하고 그분들의 삶을 통해 배울 점들이 많았다. 하지만 나의 가족들에게 배운 것이 나를 가장 극적으로 성장시켰고 더 나은 사람으로 만들었다. 나의 가족들은 나를 성숙시킨 은인들이자 나의 위인들이다.

신이 이 가족을, 이 환경을, 이 인생을 나에게 허락해준 이유가 있으리라. 이 가족들과 이 상황, 사건들을 통해서 나를 성장시키려 했던 것일 게다. 나에게 최고의 가족과 환경을 준 것일 텐데 어떻게 이 가족과 인생을 다른 것과 바꿀 수 있을까. 100세 인생이라는 노래가 있다.

"육십 세에 저세상에서 날 데리러 오거든 아직은 젊어서 못 간다고 전해라"

나는 나의 로또인생에 대해 이렇게 노래하고 싶다.

"내 인생이 너무 무거워 바꿔준다 하거든 아직은 아까워서 못 바꾼
다고 전해라"

고마워 자존감

여왕 퇴청하신다!

최근 소통 강의 자리에서 알게 된 할머님 한 분이 근래 지병으로 고생하시던 어머니가 돌아가셨다며 눈물을 보이셨다. 70여 년 사시며 가깝고 먼 사람들의 수많은 죽음을 지켜봐서 어머니의 죽음에도 담담할 수 있을 줄 알았는데 마음에 큰 구멍이 뚫린 듯 허전하고 우울하다고 하셨다. 산전수전 다 겪은 할머님에게도 어머니의 죽음은 처음 당해 보는 일이라 마음이 먹먹해지신 것 같았다. 주변 사람들은 살 만큼 사셨고 큰 고통 없이 돌아가셨으니 호상이라며 나름의 위로를 보냈지만 할머니는 슬픔을 떨쳐내질 못했다. 마음 한 구석에 찬바람이 계속 부는 것 같아 시리고 춥다고 하셨다.

할머님께 나는 8살에 친어머니가 돌아가시고 아버지도 몇 년 전에 돌아가셨다고 하니 너무나 놀라시며 서럽게 우셨다. 강사님은 엄마 없는 시간을 시린 마음을 안고 어찌 살아왔느냐며 울먹이셨다. 본인의 어머님은 90을 넘어 사시고 가셨어도 이리 마음이 아픈데 어린 나이에 엄마 잃고 얼마나 막막했겠느냐며 안쓰러워하셨다. 참 마음이 따뜻하고 고운 분이셨다.

"저는 운이 좋았어요. 엄마의 죽음이 큰 충격이기는 했지만 그 빈자리를 대신 채워줄 만한 수많은 사랑을 받았어요. 솔직한 아버지는 늘 애정표현을 과하게 하는 분이셨고 새어머니는 친구처럼 편하면서 배울 게 많은 분이셨어요. 자상한 언니가 늘 잘 챙겨줬고 동생들도 다양한 웃음거리를 줬어요. 학교나 사회에서도 따뜻하게 대해주며 조건 없이 사랑해주는 친구, 선생님, 동료, 상사, 선후배들을 많이 만났네요. 세상엔 엄마와 같은 마음으로 사랑해주는 사람들이 의외로 정말 많았어요."

할머님께 이야기를 하다 보니 살면서 사랑과 도움을 주신 수많은 사람들이 떠올랐다.

'아, 내가 나름 자존감이 높은 건 나 혼자 잘나서가 절대 아니구나. 부족하고 못난 점까지 끌어안아주며 걱정해주고 사랑해주는 많은 사람들의 사랑을 받은 덕이구나.'

그런 생각이 들면서 마음이 뭉클해졌다.

나는 운이 정말 좋은 거였다. 아무리 큰 상처를 받고 잊기 어려운 트라우마가 있어도 지속적인 사랑을 받으면 치유가 된다. 좋은 사람들은 아픈 상처의 치료제가 된다. 하지만 안타깝게도 조건 없이 사랑해주는 사람들을 만나지 못했다면 어떻게 해야 할까? 이럴 땐 젖 먹던 힘을 짜내서 자기사랑을 연습하면 된다. 내가 나를 끌어안고 내 상처도 끌어안고 괜찮다고 어루만지며 애정 표현을 끊임없이 해주면 된다. 내가 나를 보살펴주겠노라고 내가 내 편이 되어 주겠노라고 내가 나를 여왕 대접해주겠노라고 약속하고 지키는 노력을 해주면 된다. 신기하게 자기사랑을 꾸준히 연습하다보면 자신을 순수하게 사랑해주는 주변 사람들이 늘어난다. 사랑은 사랑을 부른다. 이것을 꼭 실천해보고 체험해보았으면 싶다.

자존감은 그냥 높아지는 게 아니다. 운 좋게 부모의 건강한 양육 속에서 자연스럽게 획득한 경우가 아니라면 후천적 연습이 필요하다. 자기사랑의 연습이 꾸준히 되면 자존감이 쑥쑥 자라게 될 것이다.

채 여왕도 매일 연습중이다. 자기 사랑을!

P.S

"훈계 좀 그만해라. 그거도 교만한 거다. 너는 다 극복했다는 듯 고자세에서 지금 힘든 사연으로 호소하는 사람들을 내려다보고 충고하는 거처럼 느껴질 수도 있어. 좋은 마음으로 해준 말도 오히려 기분 나쁠 수 있어."

아주 친한 지인이 이런 돌직구를 던진 적이 있다. 그렇다. 나는 훈장병에 걸렸다. 사감 선생 병이랄까. 확실히 잔소리가 많다. 근본 의도는 도움이 되고자 하는 배려의 마음인 것만은 분명하다. 말의 뉘앙스를 고치려 해봤는데도 잘 되지 않았다. 어쩌나 여왕님이라서 그런가 보지. 하하하하하하하.

너는 너를 뭐라고 부르니?
고마워 자존감

지은이 | 채근영
펴낸곳 | 북포스
펴낸이 | 방현철
편집자 | 권병두
디자인 | 엔드디자인

1판 1쇄 찍은날 | 2018년 2월 21일
1판 1쇄 펴낸날 | 2018년 2월 28일

출판등록 | 2004년 02월 03일 제313-00026호
주소 | 서울시 영등포구 양평동5가 18 우림라이온스밸리 B동 512호
전화 | (02)337-9888
팩스 | (02)337-6665
전자우편 | bhcbang@hanmail.net

이 도서의 국립중앙도서관 출판시도서목록(CIP)은 e—CIP 홈페이지(http://www.nl.go.kr/ecip)와
국가자료공동목록시스템(http://www.nl.go.kr/kolisnet)에서 이용하실 수 있습니다.
(CIP제어번호: 2018004430)

ISBN 979-11-5815-016-7 03190
값 13,000원